Marion Birkenbeil wurde 1963 in Wuppertal, Deutschland, geboren.

Nach dem Abitur in Schwelm machte sie eine Ausbildung als Zierpflanzengärtnerin in Wuppertal, arbeitete mehrere Jahre lang als Gärtnerin in Herdecke und in Hagen und studierte dann Landespflege in Essen.

1997 ist sie nach Brisbane in Australien ausgewandert und hatte dort verschiedene Jobs, unter anderem in zwei Gärtnereien, einigen Landschaftsarchitekturbüros und anfänglich auch einmal als Tellerwäscherin und Küchenhilfe in einem Restaurant.

Seit 2007 lebt sie mit ihrem Mann zusammen in einer kleinen Stadt an der „Sunshine Coast" in Queensland. Sie ist selbstständige Landschaftsarchitektin und ein registriertes Mitglied der Australischen Organisation der Landschaftsarchitekten (AILA).

Sie hat es zwar noch nicht „von der Tellerwäscherin zur Millionärin" geschafft, ist aber seit kurzer Zeit auch Autorin.
Ihr erstes Buch, ein spannender Abenteuerroman aus Australien, wurde im Oktober 2013 veröffentlicht:
MORD UND BRAND, FLUTEN UND SAND
ISBN: 978-3-95631-051-5 (Shaker Media GmbH)

Mehr Informationen dazu können Sie weiter hinten im Buch oder hier lesen:
http://m-birkenbeil-autorin.jimdo.com/

Orientalische Rezepte
Kulinarische Köstlichkeiten
aus 1001 Nacht

Text: © 2014 Jutta Schütz

Hören wir das Wort „Orient", verbinden wir es stark mit arabischen Ländern, orientalischem Essen und Tanz. Die orientalische Küche hat auch bei uns viele Anhänger gefunden. Das ist kein Wunder, schließlich sorgen die unterschiedlichen Gewürze und Geschmacksrichtungen für ordentliche Abwechslung auf dem Speiseplan.

❖ Wissenswertes über den Orient:
Der Orient zieht sich fast um den halben Globus und umfasst den Nordafrikanischen Raum, den Nahen Osten und den Mittleren Osten. Die drei Weltreligionen, Christen- und Judentum und der Islam haben ihre Ursprünge im Orient.

❖ Zu den orientalischen Ländern zählen:
Afghanistan, Algerien, Ägypten, Bahrain, Iran, Irak, Israel, Jemen, Jordanien, Katar, Kuwait, Libanon, Libyen, Marokko, Mauretanien, Oman, Pakistan, Palästina, Saudi-Arabien, Somalia, Syrien, Sudan, Tunesien, Türkei, Vereinigte Arabische Emirate.

❖ Mit ihren Gerüchen von:
Safran, Cayennepfeffer, Zimt, Kurkuma und Koriander ist die orientalische Küche ein wahres Feuerwerk für unsere Sinne. Es werden Mandeln, Feigen, Datteln, Pistazien und Hülsenfrüchte angebaut. Bohnen, Linsen, und Kichererbsen dienen als Grundnahrungsmittel. Die orientalische Küche ist einfach märchenhaft.

Feurige Gewürze, der Duft von orientalischen Gewürzen sowie geschmortes Fleisch und Gemüse zaubern einen Hauch von „1001 Nacht".

Die Erzählungen von 1001 Nacht sind weit mehr als nur Märchen für Kinder

Text: © 2014 Jutta Schütz

Die Geschichte von „Scheherazade" basiert auf einer alten persischen Märchensammlung mit dem Namen „Hezâr Afsâna, Tausend Mythen".

Das Märchen von 1001 Nacht ist eine Rahmengeschichte, in die Einzelerzählungen verwoben sind. Die Hauptfiguren sind die Geschichtenerzählerin Scheherazade, und der grausame König Schariyar.

Schariyar, der von seiner Frau mit einem schwarzen Sklaven betrogen wurde, fasst den Entschluss, sich nie wieder von einer Frau betrügen zu lassen. Aus diesem Grunde heiratet er jede Nacht eine Jungfrau seines Reiches, die er am nächsten Tag töten lässt.
Auch Scheherazade ist vom König zum Tode verurteilt worden.
Sie beginnt in der Nacht dem König eine Geschichte zu erzählen, deren Handlung im Morgengrauen abbricht.
Neugierig auf das Ende geworden, lässt der König sie am Leben und verschiebt die Hinrichtung.
Scheherazade wird dabei von ihrer Schwester Dinharazade unterstützt, die sich neue Geschichten ausdenkt.

Dieses Spiel wiederholt sich 1001 Nächte lang, bis der König ein Einsehen hat. In dieser Zeit gebärt Scheherazade dem König drei Kinder.
Am Ende ist der König von der Klugheit und Treue seiner Frau überzeugt und lässt sie am Leben.

© 2014 Marion Birkenbeil

© 2014 Herstellung und Verlag:
BoD – Books on Demand, Norderstedt

© 2014 Buch-Idee, Umschlaggestaltung, Illustration, Satz:
Jutta Schütz
Webseite: http://www.jutta-schuetz-autorin.de/
E-Mail: info.jschuetz@googlemail.com

© 2014 Foto Marion Birkenbeil

ISBN: 9-783-7347-4036-7

Bibliografische Information der Deutschen Nationalbibliothek:
Die Deutsche Nationalbibliothek verzeichnet diese Publikation in der Deutschen Nationalbibliografie; detaillierte bibliografische Daten sind im Internet über http://dnb.d-nb.de abrufbar.

FSC
www.fsc.org

MIX
Papier aus verantwortungsvollen Quellen
Paper from responsible sources
FSC® C105338

Marion Birkenbeil

Scheherazades

FINGER FOOD

Ein Hauch von 1001 Nacht

Jeder Autor ist selbst verantwortlich für seine Rezepte!

Inhaltsverzeichnis

Allgemeine Tipps zu den Rezepten

Die Rezepte in diesem Buch sind als kleine Portionen für 6 Personen bestimmt und sollten nach Belieben miteinander kombiniert werden. Die Dips dienen als verschiedene kleine Beilagen zu Brot und anderen Gerichten und können je nach Lust und Laune variiert werden.

Falls einige Personen zur Bedienung verfügbar sind, können diese bei einer „Stehparty" zwischen den Gästen herumgehen und die jeweiligen „Häppchen" auf großen Platten sowie verschiedene Getränke anbieten.

Obwohl „finger food" (in diesem Buch von nun an „Fingerfood" genannt) normalerweise mit den Fingern gegessen wird, können eventuell auch kleine Teller, Gläser und Löffel gereicht werden. Servietten und Zahnstocher oder wieder verwendbare Plastikspießchen sollten auf jeden Fall immer bereitgestellt werden.

Um die Farben der verschiedenen Gerichte besser zur Geltung zu bringen, werden neutrale Töne für Schüsseln, Teller und Tischdecken empfohlen. Fingerfood ist auch gut für Cocktail-Partys geeignet. Säfte oder Cocktails können in gekühlten Cocktailgläsern serviert werden, wenn es vornehm zugehen soll.

Für große Feiern mit vielen Gästen und einem Buffet zur Selbstbedienung empfehle ich, die Speisen mit kleinen Schildern zu versehen und alle veganen Gerichte auf einem separaten Tisch zu servieren.

Obst, Gemüse und Kräuter sollten natürlich immer erst gründlich gewaschen werden.

Und wer selbst einige Sprossen zieht, muss extreme Hygiene einhalten. In diesem Buch finden Sie ein paar Rezepte dazu. Sogar ohne spezielle Keimgläser oder Sprossengeräte ist es ganz leicht. Siehe auch:

http://sprossen-selbstgemacht.de/anbau-methoden/hygiene-gefahren.htm

Warnung für Allergiker: Manche Menschen reagieren allergisch auf bestimmte Lebensmittel wie zum Beispiel Koriander, Sesam und Nüsse, Sellerie und Möhren.

Auch beim Genuss von Rosenblüten (siehe „Dekoration und essbare Blüten" weiter hinten im Buch) oder Rosenöl (das nicht nur als Parfüm, sondern auch als Zusatz zu Likören, Wein und Süßigkeiten dienen kann) ist etwas Vorsicht geboten, da manche den Inhaltsstoff Geraniol nicht vertragen.

Abkürzungen und Maße, die hier verwendet werden:

EL = Esslöffel, ungefähr 20 ml

TL = Teelöffel, ungefähr 5 ml

MS = Messerspitze = Prise.

1 Tasse entspricht 250 ml.

Die vorgeschlagenen Backzeiten und Temperaturen des elektrischen Backofens (in Grad Celsius und Umluft) mögen je nach Ofen etwas variiert werden.

Anmerkungen: Da ich schon lange in Australien lebe, sind mir leider einige deutsche Wörter nicht mehr geläufig. Ich werde nie das Gesicht einer Verkäuferin und das schallende Lachen einer Kundin vergessen, als ich einmal in einem deutschen Supermarkt nach „Brotkrumen" fragte. Zum Glück war die Kundin sehr gewitzt und wusste, dass ich „Paniermehl" meinte!

8

Gewürze und Kräuter

S chon vor langer Zeit wurden im Orient Gewürze verwendet, um Speisen und Getränke schmackhafter und bekömmlicher zu machen, und es entwickelte sich ein weltweiter Handel mit Gewürzen aus dem Orient und aus anderen asiatischen Ländern. Einige Gewürze wie zum Beispiel Estragon und Muskatnuss wurden nicht nur zum Essen benutzt, sondern auch zu Öl verarbeitet und verbrannt, um wohlige Gerüche zu verbreiten, und manche Menschen rieben sich duftende Kräuter wie Majoran, Thymian und Minze auf den Körper.

Zutaten zum Würzen sind zum Beispiel: Anis, Basilikum, Bockshornklee, Chili, Estragon, Fenchelsamen, Granatapfelsamen, Grüne Minze, Ingwer, Kardamom, Kassia-Zimt, Knoblauch, Kreuzkümmel (Cumin), Kümmel, Kurkuma, Majoran (Origanum majoranum), Muskatnuss, Orangenblütenwasser, Oregano (Origanum vulgare), Paprikagewürz, Petersilie, Pfeffer, Pfefferminze, Pistazienkerne, Rosenwasser, Safran, Salz, Senf, Sesam, Sumach, Thymian, Wasserminze, Zaatar (Origanum syriacum), Zitronenmelisse, Zucker, Zwiebeln.

„Geh doch dahin, wo der Pfeffer wächst!", ist eine bekannte Redewendung. Doch wer weiß, wo das ist? Da es früher lange gedauert hat, Gewürze auf dem Landweg durch die Wüste zu transportieren, war das jedenfalls weit weg von Deutschland.

Heutzutage sind viele der damals exotisch anmutenden Gewürze und Speisen leicht in den Geschäften zu finden und nicht mehr nur ein Luxus für sehr reiche Menschen. Aber wer „gepfefferte Preise" vermeiden will, kann einige Kräuter im Garten oder auf dem Balkon anbauen und selber interessantes Fingerfood zubereiten, statt fertige Gerichte zu kaufen.

Tipps: Alle Gewürze sollten voneinander getrennt luftdicht in geschlossenen Behältern aufbewahrt und von Dampf und Feuchtigkeit ferngehalten werden. Manche Gewürze wie zum Beispiel Curry, Paprika und Cayennepfeffer sind zudem lichtempfindlich und sollten am besten in dunkel getönten Gläsern oder in Steingutdosen aufgehoben werden. Alle Behälter sollten mit dem Namen des Gewürzes und einem Datum versehen werden.

Die meisten Gewürze verlieren nach gewisser Zeit ihre Würzkraft und sollten innerhalb eines Jahres verbraucht werden. Nur Pfefferkörner können lange gelagert werden.

Viele Küchenkräuter können auch tiefgefroren werden und sollten dann innerhalb eines halben Jahres verwendet werden.

❖ Baharat

ist eine arabische Mischung aus den folgenden Gewürzen:

Gewürznelken (im Mörser zerstoßen), Scharfes Paprikapulver, schwarzer Pfeffer (gemahlen), geriebene Muskatnuss, Kardamom, Koriandergewürz, Kreuzkümmel (Cumin) und Zimt.

Baharat wird oft zum Bestreichen von Fisch, Hähnchenfleisch, Lamm und Rindfleisch verwendet oder mit Olivenöl und Zitronensaft gemischt als Marinade. Zudem wird es auch in Suppen und Soßen benutzt.

❖ Kurkuma

wird schon seit langem auch in der Medizin eingesetzt. Unter anderem soll es (bei der richtigen Anwendung) krebshemmend wirken und helfen, der Alzheimer Krankheit vorzubeugen. Ich füge es vielen Reisgerichten und manchmal auch meinem selbstgebackenen Brot zu. Vorsicht: Es hat eine gelbe Färbung und färbt auch Ihren Tisch, wenn Sie ihn nicht rechtzeitig abwischen!

❖ Safran

ist ein kostbares Gewürz, das aus Blüten gewonnen wird, und zwar aus den Stempelfäden von einem Krokus (Crocus sativus). Die rötlichen Safranfäden sollten direkt vor der Weiterverwendung mindestens 5 Minuten in heißer Milch, in Wasser oder Rosenwasser eingeweicht werden (und eventuell auch leicht mit einem Löffel oder einem Mörser gequetscht werden), damit sich das Aroma voll entfalten kann. Echter Safran hat eine goldgelbe Färbung und kann sowohl deftige als auch süße Speisen verfeinern.

Safranpulver, das man zum Beispiel zum Brotbacken verwenden kann, ist zwar billiger, wird jedoch manchmal nicht pur verkauft, sondern mit anderen Gewürzen, zum Beispiel mit Kurkuma, gemischt.

❖ Sumach

ist ein rötliches Tischgewürz, das häufig in der Türkei und im Iran verwendet wird. Meist wird es mit Salz gemischt und kann aufgrund des fruchtig-herben Geschmacks statt Essig oder Zitronensaft verwendet werden, zum Beispiel für Dips, Salate, Fisch und Fleischgerichte wie „Döner Kebabs". Außerdem verfeinert Sumach einen scharfen Zwiebelgeschmack.

❖ Zwiebelsaft

wurde früher oft im Orient verwendet, um zähes Fleisch zart zu machen. Dazu wurden die Fleischstücke über Nacht in einer Mischung aus Zwiebelsaft, Olivenöl und verschiedenen Gewürzen mariniert.

Orientalische Getränke und Zuckerersatz

D ie Getränkeauswahl zu diesen Fingerfood-Rezepten überlasse ich den Gastgebern. Für heiße Sommertage kann man Eistee zubereiten und diesen eventuell mit Aprikosensaft, Granatapfelsaft und etwas Zitronensaft vermischen. Auch ein kalter Pfefferminztee ist schön erfrischend.

Ein beliebtes Getränk ist zum Beispiel **Granatapfelsaft**. Kühle frisch gepresste **Säfte** (eventuell mit Mineralwasser und Eiswürfeln gemischt) könnten in einem hübschen Glaskrug oder wie eine alkoholfreie Bowle serviert und nett dekoriert werden, zum Beispiel je nach Saftart mit Orangen-, Limetten- oder Zitronenscheiben oder auch mit einigen Pfefferminzblättern oder ein paar Blättern der Ananassalbei oder Zitronenmelisse.

Statt Zucker kann man zum Süßen von frisch gepresstem Saft auch Grenadine-Sirup (vom Granatapfel hergestellt) oder Stevia verwenden (von der Pflanze Stevia rebaudiana). Vorsicht: Stevia ist extrem süß! Bereits eine Messerspitze Steviapulver ersetzt 1 TL Zucker.

Eine andere Alternative sind frische oder tiefgekühlte Blätter von Myrrhis odorata (Süßdolde), die etwas nach Anis duften. Sie werden manchmal für Frucht-Pies, Salate und Suppen benutzt.

Im Orient wird außer Zucker auch oft Rosenwasser (oder Rosenblütenpulver) zum Süßen von Tee, Kaffee, Salatsaucen und Nachtisch verwendet.

Veganer können statt Honig Ahornsirup nehmen.

„Arak" ist ein alkoholisches Getränk mit Anis, ein Anisschnaps mit einem Alkoholgehalt zwischen 40 und 80%, der üblicherweise mit Wasser oder Eiswürfeln serviert wird. Man kann ihn jedoch auch mit Schwarzem Tee, Pfefferminztee, Limonade oder Grapefruitsaft mischen.

Typische heiße Getränke sind zum Beispiel: Anis-Tee, Marokkanischer Pfefferminztee (Nane Tee), Schwarzer Tee, Grüner oder Schwarzer Tee mit einigen Pfefferminzblättern, Ingwer-Tee, Starker Kaffee, Kaffee mit etwas Kardamom, Kaffee mit Zimt. Ein für uns ungewöhnlicher Tee ist ein sogenannter „Café Blanc" bzw. „Libanesischer Verdauungstee", bei dem 250 ml kochendes Wasser in eine Tasse gegossen wird und dazu 1 TL Rosenwasser oder 1 TL Orangenblütenwasser sowie Zucker nach Geschmack gegeben wird. In Marokko werden manchmal ein paar Orangenblüten zu einem heißen grünen Tee mit Pfefferminzblättern hinzugefügt. Falls keine vorhanden sind, nimmt man auch etwas Orangenblütenwasser oder ein bisschen fein geriebene Schale von einer Mandarine oder von einer Tangerine.

Der Kaffee wird im Mittleren Osten normalerweise in kleinen Tassen serviert, Tee in Gläsern (Vorsicht: Nur kochfeste Gläser verwenden und besser mit Henkeln), und meist sehr süß. Da jedoch nicht jeder Zucker mag, sollten Kaffee und Tee von jedem selbst gesüßt werden. Als Alternative können Honig oder Süßstoff gereicht werden.

Kamelmilch und Alternativen zu Kuhmilch

Andere beliebte und erfrischende Getränke sind Obst- und Gemüsesäfte mit Joghurt oder Milch. Kamelmilch wurde schon lange im Orient getrunken und scheint allmählich auch in anderen Ländern als Alternative zu Kuhmilch beliebter zu werden. Meines Wissens ist Kamelmilch in Deutschland in gefrorenem Zustand erhältlich.

Man kann ganz leicht selber eine vegane Nussmilch herstellen: Eine Portion Cashewnüsse oder Mandeln über Nacht in genügend Wasser in einer Schüssel einweichen. Am nächsten Tag absieben und die Nüsse oder Mandeln in einer elektrischen Küchenmaschine fein mahlen. Nach und nach anderthalb Portionen frisches Wasser dazugeben. Die Nussmilch durch ein Tuch drücken, im Kühlschrank aufbewahren und bald verwenden.

Zudem kann man auch aus Mandelsprossen und Sonnenblumensprossen eine Milch zubereiten, indem man die frischen Sprossen püriert und mit der doppelten Menge an Wasser und einer Prise Meersalz vermischt.

Brot und Dips

Frisches Brot ist immer lecker und kann mit Dips, Fleisch, Käse oder zu Salaten gegessen werden. Im Orient wird häufig Fladenbrot als „Besteck" für andere Speisen benutzt.

Dips sind beliebte Beilagen zu Brot, Crackern, Gemüse- und Fleischgerichten. Da Fingerfood abwechslungsreich sein sollte, schlage ich vor, mindestens 3 verschiedene Dips zu servieren.

Allerhand Finger

Als „Finger" für die Dips kann man Brötchen, Cracker, Fladenbrot und andere leckere Brotsorten verwenden. Doch probieren Sie auch gesunde Rohkost aus!

Zutaten für Rohkost-Finger:

- ❖ Äpfel (entkernt, in Streifen geschnitten und mit etwas Zitronensaft beträufelt)

- ❖ Birnen (die nicht zu weich sein sollten; entkernt und in Streifen geschnitten)

- ❖ Fenchelscheiben

- ❖ Karottenstreifen (passen sehr gut zu Kichererbsen-Dips)

- ❖ Kohlrabi (zarte, junge Knollen verwenden und in Scheiben schneiden)

- ❖ Papayastreifen (grüne, unreife Papayas sind übrigens sehr gesund!)

- ❖ Paprikastreifen
- ❖ Radieschenscheiben
- ❖ Schlangengurken (in Scheiben oder in Streifen geschnitten)
- ❖ Selleriestangen
- ❖ Zucchini (in Scheiben oder in Streifen geschnitten)
- ❖ Zuckerschoten

Zutaten für andere Gemüsefinger:

Als weitere „Finger" zum Dippen kann man Buschbohnen und Stangenbohnen verwenden, die zuvor etwa 5 bis 7 Minuten lang in Salzwasser (eventuell mit einer Prise Natron zur Erhaltung der intensiven grünen Farbe) gekocht worden sind.

Außerdem eignen sich auch gekochter Spargel, Fenchelknollen und Schwarzwurzel (geschält und gekocht), junge Maiskolben sowie gebratene Auberginen und Zucchini.

Blätterteig und andere Taschen

Mit Blätterteig und Frühlingsrollenteig können viele Fingerfood-Gerichte zubereitet werden. Man kann die Teigblätter mit Gemüse, Fisch, Fleisch, Tofu oder Schafskäse füllen und dann frittieren oder backen.

Andere „Blätter" sind zum Beispiel:

❖ Yufka-Teigblätter

❖ Malsouka bzw. Brik

❖ Reispapier-Blätter.

Essbare Pflanzenteile, Pilze und Früchte:

Essbare Pflanzenteile sind eine weitere Alternative für „Wickel". Weinblätter werden zum Beispiel zur Herstellung von „Dolmas" mit Reis gefüllt, aber man kann auch große Salatblätter, Chinakohl- und Mangoldblätter für bestimmte Gerichte verwenden.

Als Taschen eignen sich unter anderem Artischocken, ausgehöhlte Tomaten, Paprika, Zucchiniblüten, Zucchini und Schlangengurken.

Und auch große Champignons und Früchte wie zum Beispiel halbierte Aprikosen oder Pfirsiche können mit leckeren Speisen gefüllt werden.

Selbstgemachter Teig für Teigtaschen:

Ein Teigrezept mit Hefe finden Sie in diesem Buch unter „Spinat-Schafskäse-Pyramiden". Dieser Teig ist schön elastisch, und Kinder können helfen, verschiedene Formen wie zum Beispiel Pyramiden, Birnen oder Ovale, Hörnchen, Schnecken, Würstchen beziehungsweise dicke Zigarren oder andere Taschen herzustellen.

Eine andere leckere „Hülle" aus einem Eierteig finden Sie in meinem Rezept „Thunfisch-Baharat-Rollen".

Resteverwertung: Wer einmal einen Rest Blätterteig übrig hat, kann einfach etwas Obst wie zum Beispiel eine halbe Banane mit Teig umwickeln und dann backen. Nach Belieben etwas Zimtzucker oder Anis zugeben.

Dekoration und essbare Blüten

Selbst ohne viel Aufwand und ohne künstlerisches Geschick können Sie versuchen, das Fingerfood hübsch zu dekorieren und dadurch noch appetitlicher wirken zu lassen, zum Beispiel je nach Speisenart mit ein paar Oliven, Früchten, Pistazien, Alfalfasprossen oder etwas Chilipulver. Für Kinderfeste kann man ein paar lustige Figuren herstellen.

Und falls Sie einen eigenen Garten oder einen Balkon haben, können Sie eventuell frische Zweige von Rosmarin, Basilikum, Pfefferminze, Krauser und Flacher Petersilie verwenden.

Auch viele Blüten sind essbar und können daher als besonders hübsche Verzierung ausgesucht werden.

Zum Verzehr geeignet sind zum Beispiel die Blüten von Platterbsen, Dicken Bohnen, Lauch (Porree) und Zucchini sowie Blüten von Borretsch (Borago officinalis), Brunnenkresse, Gänseblümchen (Bellis perennis), Dill und Fenchel, Holunder, Kapuzinerkresse, Knoblauch (Allium sativum), Knoblauchsrauke (Alliaria petiolata), Pfefferminze, Rosen, Rosmarin, Rucola, Salbei, Schnittlauch, Stiefmütterchen, Zwiebeln (Allium cepa). Und auch einige exotische Blüten wie z.b. von Agastache mexikana 'Sangria' (Limonen-Ysop) werden ab und zu von Köchen verwendet.

Jeder kennt Kamillen- und Lindenblütentee, doch auch so manche andere Blüten können als Tee oder Likör zubereitet werden.

Orangenblüten können einem grünen Tee hinzugefügt werden (siehe oben: „Orientalische Getränke und Zuckerersatz"). Orangenblütenwasser wird auch gerne bei der Zubereitung von Süßigkeiten oder anderen Speisen verwendet, um diesen ein besonderes Aroma zu verleihen.

Artischocken wurden früher in arabischen Ländern dort geerntet, wo sie wild wuchsen, und erst später zum Beispiel in Ägypten als „Blütengemüse" angebaut. Die gegarten oder gebratenen fleischigen Blütenstände und unteren Schuppenblätter sind lecker und sehen sehr hübsch aus.

17

Vorsicht: Bitte immer nur das essen, was Sie auch wirklich kennen, und nur in der richtigen Dosierung! Die Blätter der Flachen Petersilie zum Beispiel ähneln manchen giftigen Unkräutern. Bestimmte Kräuter und Blüten sollten nicht von Schwangeren verzehrt werden. Und vermeiden Sie alle Pflanzen, die mit Chemikalien behandelt worden oder anderweitig verunreinigt sind! Doch bitte auch darauf achten, dass keine ungewollten Tierchen wie zum Beispiel Raupen mitserviert werden! Siehe auch „Warnung für Allergiker" bezüglich Rosenblüten weiter oben!

Wer Interesse hat, kann im Internet mehr zum Thema „Essbare Blüten" lesen, zum Beispiel:

http://rohspirit.de/rohkost-rezepte/wildkraeuter-wirkung/essbare-blumen-blueten

http://www.nikola-hahn.com/blumenrezept.htm

http://www.br.de/themen/ratgeber/inhalt/rezepte/essbare-blueten-blumenrezepte-pflanzen100.html

http://www.kirchenweb.at/kochrezepte/gemuese/veganer/gemuese_roh_essen.html

http://www.daserste.de/information/wissen-kultur/w-wie-wissen/sendung/2012/blueten-100.html

http://www.garten-treffpunkt.de/lexikon/bluetensalat.aspx

Obst ist gesund

Je nach Saison kann man verschiedene Fruchtsorten auf Platten arrangieren, zum Beispiel: Ananas-, Apfel-, Birnen-, Mango- und Melonenscheiben, Aprikosen-, Pfirsich-, Karambola-, Kiwano- und Tangerinenstücke, Bananen, Erdbeeren, frische Feigen, Granatapfelsamen, süße Kirschen, Pflaumen, Weintrauben. Wer kreativ ist, kann hübsche „Lebensmittel-Kunst" betreiben und die Obstplatten außerdem zum Beispiel mit einigen Zweigen von Ananassalbei und Zitronenmelisse oder mit ein paar essbaren Blüten verzieren.

Tipps: Die Schnittstellen von Äpfeln und Birnen sofort mit etwas Zitronensaft beträufeln. Geschältes und/oder geschnittenes Obst, besonders Melonenscheiben, nicht zu lange offen stehen lassen, da sich sonst eventuell schädliche Erreger auf dem weichen Fruchtfleisch verbreiten können.

Aus einem Teil einer frischen Wassermelone kann man auch einen Saft machen. Melone entkernen, mit Wasser, Eiswürfeln und 1 bis 2 EL Limettensaft in einem Krug mischen und mit ein paar Pfefferminzblättern garnieren. Die Kerne von einer Honigmelone können geschält, geröstet und gegessen werden.

Rezepte in diesem Buch + Fotos auf Internetseite

Auf den folgenden Seiten werden Sie nun orientalische und „orientalisch angehauchte" Rezepte finden. Zudem können Sie Fotos von vielen Speisen auf meiner Internetseite sehen und dort auch ein paar weitere leckere Fingerfood-Rezepte wie zum Beispiel „BB-Ballen" und „RR-Rollen" entdecken.

Siehe: http://m-birkenbeil-autorin.jimdo.com/

Alles Käse

Nicht in Panik geraten, wenn unerwartet Besucher anrufen und schon in kurzer Zeit ankommen wollen! Einige Lebensmittel wie zum Beispiel Käse, Brot, Cracker und ein paar Früchte der Saison können meistens schnell besorgt werden. Oder bitten Sie einfach die Gäste, unterwegs etwas einzukaufen. Wer genug Zeit hat, kann einige hübsche Käseplatten mit Brot und Gemüse herrichten:

Zutaten:

- ➢ 2 Fladenbrote (oder einige 'Pitabrote' oder andere Brotsorten Ihrer Wahl)
- ➢ Cracker (z.B. 12 Cracker mit Sesam- und 12 mit Pfefferkörnern)
- ➢ Käse (zwei verschiedene Sorten, je ungefähr 200 g Käse am Stück)
- ➢ Käse (zwei verschiedene Sorten, je 6 Scheiben)
- ➢ Halloumi-Käse (180 g – dies ist ein Käse, der gut gegrillt werden kann)
- ➢ ¼ TL Oregano
- ➢ 2 TL Zitronensaft
- ➢ Ziegen- oder Schafskäse (ungefähr 150g)
- ➢ 1 gelbe und 1 rote Paprika (geröstet)
- ➢ 12 Oliven (6 schwarze und 6 grüne, gefüllte Oliven)
- ➢ 12 Walnüsse (Schalen entfernen und halbieren)
- ➢ 1 Zucchini
- ➢ 1 Libanesische Schlangengurke
- ➢ 1 Selleriestange
- ➢ 3 Tomaten (roh) und 1 Tomate (geschmort)

- Einige Petersilienzweige und Salatblätter zum Dekorieren
- 500 g Wassermelone (entkernt) und einige Weintrauben
- 9 mittelgroße Champignons
- Schwarzer Pfeffer (gemahlen), Meersalz und Knoblauchsalz nach Geschmack
- 2 EL Sesamkörner (kurz anrösten)
- Olivenöl zum kurzen Anbraten von Pilzen, Gemüsescheiben und Halloumi

Zubereitung: Die Paprika bei 200°C etwa 10 Minuten lang im vorgeheizten Backofen backen. Abkühlen lassen und dann in schmale Streifen schneiden. Das Innere entfernen.

Die Champignons in einer Pfanne mit Öl oder Butter anbraten (etwa 5 Minuten). Mit etwas Pfeffer und Knoblauchsalz würzen und auf einem Papiertuch abkühlen lassen.

Zucchini und eine Tomate in dicke Scheiben schneiden und circa 5 Minuten lang in einer Bratpfanne mit etwas Olivenöl schmoren. Mit Meersalz und Pfeffer würzen und abkühlen lassen. Sesamkörner kurz anbraten und über die Zucchinischeiben geben.

Die Hartkäsestücke in etwa 2 cm große Vierecke schneiden. Die rohen Tomaten, die Gurke und einen Teil der Wassermelone in Scheiben oder Würfel schneiden. Mit einem Teil der Käsewürfel zusammen alles hübsch auf einem großen Teller oder einer Platte arrangieren. Bunte Plastikspießchen oder Zahnstocher dazugeben.

Die übrigen Käsewürfel zu Dreiecken halbieren.

Halloumi-Käse in etwa 1 cm breite „Stäbchen" schneiden und in sehr heißem Öl circa 1 bis 2 Minuten auf beiden Seiten anbräunen. Mit Oregano und Pfeffer würzen und mit etwas Zitronensaft beträufeln. Abkühlen lassen.

Die Käsedreiecke mit den Paprikastreifen, etwas Petersilie und ein paar Salatblättern sowie den abgekühlten Champignons, Tomaten- und Zucchinischeiben und den „Halloumi-Stäbchen" auf einem zweiten Teller anrichten.

In die Mitte eine Schale mit Brotscheiben stellen.

Auf einem dritten Teller einige Käsewürfel mit je einer Weintraube auf Cracker spießen und 24 Walnuss-Hälften dazulegen.

Den Ziegenkäse oder Schafskäse in die Mitte eines vierten Tellers legen und in Stücke schneiden. Aus den Käsesorten in Scheiben Röllchen formen. Die unteren Enden und die Blätter der Sellerie abschneiden, die Stangen der Länge nach halbieren und in 6 Stücke zerteilen. Das Fladenbrot in schmale Streifen schneiden und diese mit den verschiedenen Käsesorten, den kurzen Selleriestangen und den Oliven um den Käse herum arrangieren.

Varianten: Zusätzlich können eingemachte süß-saure Gurken, marinierte Spargelspitzen, eingelegte junge Maiskolben, frische oder marinierte Karotten zu den Käseplatten gereicht werden.

Für Fleischliebhaber können zum Beispiel einige Dukkah-Fleischbällchen oder Lammspieße dazu serviert werden.

Statt gebratene Pilze kann man auch **marinierte Champignons** zubereiten:

Marinierte Champignons: 100 g Pilze in Scheiben schneiden und mindestens 2 Stunden oder über Nacht in einer Marinade aus ¼ Tasse Olivenöl, 2 EL Zitronensaft, ¼ TL Majoran (gemahlen), etwas Pfeffer und einer fein geschnittenen Knoblauchzehe liegen lassen.

Appetitliche Pfannkuchen für den Überraschungsbesuch

Was tun, wenn Gäste unangekündigt an der Tür erscheinen? Statt zu verzweifeln, backen Sie einfach einige Pfannkuchen, falls Sie genügend Eier und alle anderen erforderlichen Zutaten dafür im Haus haben.

Zutaten:

➢ 10 Eier

➢ 4 EL Mehl

➢ 5 Zwiebeln – klein geschnitten

➢ 1 Tasse Glatte Petersilie – klein gehackte frische Blätter

➢ 2 EL Pfefferminzblätter – klein gehackt

➢ je ½ TL Salz und schwarzer Pfeffer (frisch gemahlen)

➢ ½ TL Zimt

➢ ½ TL Chilipulver

➢ Olivenöl für die Pfanne

➢ Einige Brotscheiben

Zubereitung: Die Eier in einer Schüssel schaumig schlagen. Das Mehl und die restlichen Zutaten dazumischen. Öl in einer Pfanne anwärmen und je nach Pfannengröße eine halbe oder eine ganze Kelle der Mischung hineingeben. Sobald der Boden der Eiermischung goldbraun gefärbt wird, den Pfannkuchen vorsichtig umdrehen. Sodann die restlichen Pfannkuchen zubereiten (nach Bedarf noch etwas Öl in die Pfanne geben).

Die Pfannkuchen wie Tortenstücke schneiden und warm auf Brotscheiben servieren.

Tipps: Die Brotscheiben können eventuell getoastet oder mit etwas Olivenöl bestrichen 10-15 Minuten im Backofen bei 190°C gebacken werden. Dann mit den Pfannkuchen belegen.

Falls Sie keine frischen oder tiefgefrorenen Kräuter haben, können Sie auch getrocknete Minze und getrocknete Petersilienblätter verwenden, aber etwas sparsamer, da trockene Kräuter meist intensiver schmecken!

Mehllose Variante mit Spargel für 1 großen Pfannkuchen:

In der Spargelsaison kann man auch schnell einen leckeren Pfannkuchen mit Spargel zubereiten:

3 Eier in einer Schüssel verquirlen. 60 g geriebenen Hartkäse, 2 EL klein gehackte frische Pfefferminzblätter sowie etwas Salz und Pfeffer hinzufügen.

Frischen grünen Spargel (½ Bund / circa 100 g) waschen und die holzigen Enden entfernen, Spargel in ungefähr 4 cm lange Stücke schneiden. Etwas Olivenöl in einer Pfanne erhitzen und die Spargelstücke 5 - 7 Minuten darin dünsten, dabei mehrmals umwenden.

Dann die Eiermischung darüber gießen und auf beiden Seiten auf kleiner Flamme braten. Pfannkuchen in Stücke schneiden und warm auf Brotscheiben servieren.

Auberginen-Dip mit Pilzen und Blumenkohlreis

Zutaten:

- ➢ 1 kleine Aubergine (ungefähr 400 g)
- ➢ 2 Knoblauchzehen
- ➢ ½ EL Zitronensaft
- ➢ 1 TL süßes Paprikapulver
- ➢ 150 g Champignons
- ➢ 120g Blumenkohlröschen
- ➢ 2 EL Olivenöl
- ➢ 1 TL Dukkah-Gewürz (Rezept siehe weiter hinten / oder nur etwas Salz und Pfeffer)
- ➢ 1 EL Pinienkerne zum Dekorieren (eventuell kurz in einer Pfanne anbräunen)

Zubereitung: Die Aubergine schälen und in etwa 2 cm große Würfel schneiden, dann in einem Einsatz etwa 30 Minuten über kochendem Wasser dünsten. Champignons putzen und klein schneiden.

Die Blumenkohlröschen in der elektrischen Küchenmaschine kurz fein hacken, bis sie ungefähr so wie Reiskörner aussehen.

Öl in einer Pfanne erhitzen. Die Knoblauchzehen klein hacken und mit dem Zitronensaft, den Auberginen- und Champignonstücken, dem Blumenkohlreis und den Gewürzen in die Pfanne geben. Etwa 5 bis 10 Minuten dünsten und dabei ständig umrühren, bis ein Püree entsteht.

In eine kleine Schüssel füllen und mit einigen Pinienkernen verzieren.

Tipps: Dazu Fladenbrot reichen. Dieser Dip sollte heiß gegessen werden.

Beim Rösten der Pinienkerne die Pfanne schwenken, so dass sie nicht anbrennen.

Wer einen bitteren Geschmack der Aubergine befürchtet, kann diese zunächst halbieren und ein winziges Stückchen probieren. Falls es bitter schmeckt, die Aubergine in Streifen schneiden, die Schnittstellen mit etwas Salz bestreuen und etwa ½ Stunde ruhen lassen. Dann das Salz abtupfen oder abwaschen. Dies soll helfen, die Bitterstoffe zu entfernen. Ansonsten sollte man Auberginen jedoch nicht roh essen.

Variante mit Tahina: Man kann auch 2 EL Tahina zu den Auberginenstücken dazumischen und alles in einer feuerfesten Form im Ofen backen.

Variante mit Sonnenblumensprossen: Statt Pinienkernen eventuell frische Sonnenblumensprossen auf den Auberginendip geben.

Sonnenblumenkerne 12 Stunden (bei einer Raumtemperatur von 21-30°C) einweichen.

Wasser abgießen und Kerne in ein Glas füllen, dieses mit einem Fliegennetz und Gummiring verschließen und mit der Öffnung schräg nach unten auf eine Ablaufstelle setzen, so dass überschüssiges Wasser ablaufen kann. 2 Tage lang 2x täglich mit frischem Wasser spülen, dann servieren (der Keim sollte nicht länger als der Kern sein).

Avocado-Dip Scharf

Zutaten für eine Schüssel (oder für ein paar schöne Avocadoschalen als Behälter):

- ➢ 2 reife Avocados (eventuell die ausgehöhlten Schalen aufheben)
- ➢ ½ Tasse Saure Sahne
- ➢ 2 TL Zitronensaft
- ➢ 1 TL Chilipulver
- ➢ 400g rote Kidney-Bohnen
- ➢ Salz und schwarzer Pfeffer nach Geschmack

Zubereitung: Die getrockneten Bohnen über Nacht in Wasser einweichen. Am nächsten Tag absieben und das Wasser wegschütten oder zum Blumengießen verwenden. Die Bohnen in einem Topf mit Wasser und etwas Salz weich kochen (maximal 1 Stunde). Wer wenig Zeit hat, kann auch Bohnen aus der Dose nehmen und diese gut abtropfen lassen.

Die Avocados halbieren und aus den Schalen löffeln, einen der beiden Samen und eventuell auch die Schalen aufheben. Die Avocados klein schneiden und mit den abgetropften Bohnen und den übrigen Zutaten zu einem dickflüssigen Brei mischen. Bis zum Servieren einen Samen dazulegen. Dadurch wird das Braunfärben der Avocadomasse verhindert.

Zugedeckt im Kühlschrank aufbewahren. Vor dem Servieren den Samen entfernen, die Masse nochmals kurz durchrühren, abschmecken und bei Bedarf nachwürzen. In eine kleine Schüssel oder in die ausgehöhlten Avocadoschalen füllen.

Diese Speise schmeckt köstlich zu Fladenbrot und zu gebackener Hähnchen- oder Putenbrust.

Avocado-Dip für Veganer

Zutaten für eine kleine Schüssel:

- ➢ 2 reife Avocados

- ➢ 1 große Tomate und 3 Cocktailtomaten

- ➢ 1 Knoblauchzehe

- ➢ 2 TL Zitronensaft

- ➢ schwarzer Pfeffer und Salz und etwas Olivenöl nach Geschmack

- ➢ 2-3 schöne Basilikumblätter zum Dekorieren

Zubereitung: 1 große Tomate in kleine Stücke schneiden. Die Avocados schälen und einen der beiden Samen aufheben. Avocados klein schneiden und mit den Tomatenstücken, Knoblauch, Zitronensaft, Salz, Pfeffer und Öl zu einem dickflüssigen Brei mischen. Bis zum Servieren einen Samen dazulegen. Dadurch wird das Braunfärben der Avocadomasse verhindert. Zugedeckt im Kühlschrank aufbewahren.

Vor dem Servieren den Samen entfernen, die Masse nochmals kurz durchrühren, abschmecken und bei Bedarf nachwürzen.

In eine kleine Schüssel füllen, mit 3 Cocktailtomaten und 2-3 Basilikumblättern dekorieren und dazu veganes Brot, vegane Reiscracker oder Karottenstreifen reichen.

B & B in Tomaten und Broccoli-Sprossen

Zutaten:

- ➢ 150g Blumenkohl und 150g Broccoli
- ➢ Etwas Olivenöl
- ➢ ½ Zwiebel
- ➢ 1 Knoblauchzehe
- ➢ Ungefähr 5 EL Haselnussmehl
- ➢ 2 EL Orangensaft (frisch gepresst)
- ➢ 1 TL Limettensaft (frisch gepresst)
- ➢ 1 EL Ahornsirup
- ➢ 1 Prise Safranfäden und 1 EL heißes Wasser
- ➢ 1 MS Muskatnuss
- ➢ ¼ TL Zaatar (Origanum syriacum) oder Oregano (Origanum vulgare)
- ➢ Salz und weißer Pfeffer nach Geschmack
- ➢ 3 große Fleischtomaten
- ➢ Einige Basilikumblätter oder Alfalfa- oder Broccoli-Sprossen

Zubereitung: Die Tomaten von den grünen Stielansätzen befreien und halbieren. Safranfäden etwa 5 Minuten in 1 EL heißem Wasser einweichen. Zwiebel und Knoblauch klein schneiden und mit den Safranfäden in etwas Olivenöl andünsten. Saft, Ahornsirup und weitere Gewürze sowie das Innere der Tomaten zufügen. Mit etwas Haselnussmehl andicken.

Die Blumenkohl- und Broccoli-Röschen in einem Dämpfeinsatz über köchelndem Wasser etwa 5 Minuten dünsten. Dann klein schneiden, mit der Zwiebelsauce vermischen und abkühlen lassen.

Gemüsemischung in die ausgehöhlten Tomatenhälften füllen und mit einigen Basilikumblättern oder frischen Sprossen verzieren.

Variante: Die Blumenkohl-und Broccoli-Röschen in einer elektrischen Küchenmaschine kurz (bis zu einer Größe von Reiskörnern) klein hacken. Den „Gemüsereis" roh mit der Sauce mischen, in halbe rote oder gelbe Paprika füllen und im Backofen garen. Warm servieren.

Anmerkung zu Broccoli-Sprossen: Vor kurzem habe ich verschiedene interessante Artikel über Broccoli-Sprossen gelesen, die bei Forschungen u.a. gegen Krebs und Autismus eingesetzt werden. Siehe auch zum Beispiel:

http://www.zentrum-der-gesundheit.de/sprossen-brokkoli-krebs-ia.html

http://der-seniorenblog.de/naturheilkunde-homoepathie/nahrungsergaenzungsmittel/broccoli-krebs/

http://www.biomedizin-blog.de/de/was-macht-broccoli-so-wichtig-in-der-praevention-von-prostatakrebs-bluthochdruck-und-nierenerkrankungen-wp261-265.html

http://www.sprossen-keimlinge.de/artikel/samen-sprossen-keimlinge/brokkoli-broccoli

Brot aus einem Zopf

Zutaten für einen Laib:

- ➢ 320 ml lauwarmes Wasser
- ➢ 7 g Trockenhefe (ungefähr 1½ TL)
- ➢ 1 ½ EL Zucker
- ➢ 1 EL Olivenöl
- ➢ 1 TL Salz
- ➢ 240 g Vollkornmehl und 300 g Weißmehl
- ➢ 1 ganzes Ei (verquirlt)
- ➢ Olivenöl zum Einfetten eines Backbleches
- ➢ 1 Eigelb (verquirlt)
- ➢ 1 EL Sesamkörner und 1 EL Leinsamen (oder 2 EL Mohn)

Zubereitung: Das Wasser in einem Topf bei kleiner Hitze erwärmen, dann zur Seite stellen und zu lauwarm abkühlen lassen. Die Hälfte des lauwarmen Wassers in eine Tasse geben und die Hefe zufügen, 5 Minuten gehen lassen. In das restliche Wasser 1 EL Öl und den Zucker geben und verrühren , dann mit dem Hefewasser, Salz und einem verquirlten Ei mischen.

Das Mehl in eine große Schüssel geben und eine Mulde formen, in das nun die Hefemischung gegossen wird. Alles kneten, bis sich der Teig elastisch anfühlt und nicht mehr an den Händen festklebt. Leicht mit Mehl bestäuben und etwa anderthalb Stunden lang mit einem Küchentuch bedeckt an einem warmen Ort stehen lassen.

Den Teig auf einer bemehlten Arbeitsfläche kräftig durchkneten und in 3 Stücke teilen, dann jedes zu einer etwa 35 cm langen Rolle formen. Falls der Teig zu klebrig ist, noch ein bisschen Mehl zufügen.

Diese Rollen werden sodann zu einem Zopf geflochten (wer möchte, kann den Zopf zum Schluss zu einem Kreis formen).

Den Laib auf ein gefettetes Backblech legen und mit dem verquirlten Eigelb von 1 Ei bestreichen. Mit Sesamkörnern und Leinsamen (oder Mohn) bestreuen. Nochmals zugedeckt ½ Stunde gehen lassen. Den Backofen auf 220°C vorheizen.

Dann den Teig ungefähr 45 Minuten auf der mittleren Schiene backen, bis das Brot goldbraun ist und es beim Anklopfen des Bodens hohl klingt. Mindestens 1 Stunde vor dem Essen abkühlen lassen. In Scheiben schneiden und mit Dips servieren.

Tipp: Wer eine Brotmaschine hat, kann auch auf diese Weise vorgehen:

Wasser, Hefe, Zucker, Salz, 1 EL Öl und Mehl in eine elektrische Brotmaschine geben und auf Pizzateig einstellen. Nach ungefähr anderthalb Stunden (die genaue Zeit mag je nach Brotmaschine etwas variieren) den Teig herausnehmen und auf einer bemehlten Arbeitsfläche so wie oben beschrieben zu einem Zopf formen und im Backofen backen.

Zusätzlich kann man zum Backen eine Tasse Wasser unten in den Ofen stellen.

Varianten: Man kann statt des Zopfes auch einfach Brötchen formen und backen.

Wer lieber frische Hefe nimmt, kann ½ Würfel Hefe, 550 g Mehl und 500 ml lauwarmes Wasser verwenden.

Buchweizen-Bratlinge mit Dicken Bohnen

Zutaten für 12 Bratlinge:

- ➤ 1 Tasse geschälte Buchweizenkörner und Wasser zum Einweichen
- ➤ 200 ml Wasser
- ➤ ½ TL Salz
- ➤ 100 g Dicke Bohnen
- ➤ 100 g weiche Kichererbsen
- ➤ 100 g Mandelmehl (aus frisch gemahlenen Mandeln)
- ➤ 3-4 EL Weizenmehl
- ➤ 1 Knoblauchzehe (klein geschnitten)
- ➤ ½ Tasse Petersilienblätter (klein gehackte Blätter von 3 Stängeln)
- ➤ ¼ TL süßes Paprikagewürz
- ➤ Olivenöl zum Anbraten

Zubereitung: Buchweizen etwa 12 Stunden (über Nacht) in genügend Wasser einweichen. Am nächsten Tag absieben und den weißen Schaum, der sich eventuell gebildet hat, abspülen. Buchweizen mit 200 ml Wasser, ½ TL Salz und 100 g gefrorenen Dicken Bohnen etwa 5 Minuten kochen. Rühren, bis das Wasser aufgesogen ist.

Alle Zutaten außer dem Öl dazumischen und gut vermengen. Mit angefeuchteten Händen Bratlinge formen und diese in einer Pfanne in heißem Öl anbraten (ungefähr 5 Minuten auf jeder Seite).

Warm servieren. Vorsicht: Die Bratlinge sind etwas bröckelig.

Cacik – Türkischer Gurken-Joghurt-Dip

Zutaten für 1 Schüssel:

➢ 300g Griechischer oder Türkischer weißer Joghurt (oder anderer weißer Joghurt, der nicht zu flüssig sein sollte)

➢ Die Hälfte einer Schlangengurke (geschält und entkernt)

➢ 2 Knoblauchzehen

➢ Salz und Pfeffer nach Geschmack

➢ 1 EL getrocknete Pfefferminze (gemahlen) oder 2 EL frische, klein gehackte Blätter

➢ Ein paar frische Pfefferminzblätter zum Verzieren

➢ ½ EL Olivenöl

Zubereitung: Damit der Knoblauchgeschmack sich besser entfalten kann, den Dip mindestens einen Tag vor dem Servieren zubereiten und zugedeckt im Kühlschrank aufbewahren.

Eine halbe Schlangengurke schälen und die Kerne entfernen. Fein raspeln, leicht salzen und kurz zur Seite stellen.

Knoblauchzehen schälen und sehr fein hacken oder durch eine Knoblauchpresse drücken. Die geraspelte Gurke über einer Schüssel in einem Küchentuch ausdrücken und den Saft entfernen (diesen kann man, wenn er nicht zu salzig ist, mit Mineralwasser gemischt trinken). Die Gurkenstückchen sodann mit dem Joghurt und den anderen Zutaten mischen und mit Salz und Pfeffer abschmecken.

Vor dem Servieren nochmals durchrühren und nach Bedarf etwas mehr Salz und Pfeffer zufügen. Wenn es in einer Schüssel gereicht wird, kann man es mit einigen frischen Pfefferminzblättern dekorieren.

Tipps: Der Dip kann unter anderem zu Fladenbrot, Rinderhackbällchen und Lammfleisch oder zu gegrillten Folienkartoffeln gereicht werden.

Die andere Gurkenhälfte in Scheiben schneiden und als Dekoration oder als „grüne Cracker" mit Thunfisch, Lachs oder gebratenen Zanderstücken oder Hähnchenbruststreifen servieren.

Variante mit Dill statt Minze: Als Variante kann man statt Pfefferminzblättern frischen Dill (2 EL fein geschnitten) und ½ TL weißen Essig nehmen. Dieser Dip ist vielen als „Tzatziki" (eine griechische Speise) bekannt.

Chermoula-Zucchini

Zutaten für das sogenannte Chermoula:

- ➢ 1 Knoblauchzehe
- ➢ ½ TL Chilipulver
- ➢ 1 TL Kreuzkümmel (Cumin) - gemahlen
- ➢ 1 TL Koriander - gemahlen
- ➢ ½ TL Kurkuma – gemahlen
- ➢ ½ TL süßes Paprikapulver
- ➢ ¼ TL Meersalz
- ➢ je ½ Tasse frische, klein gehackte Korianderblätter und Pfefferminzblätter
- ➢ ½ Tasse frische, klein gehackte Petersilienblätter
- ➢ 2 TL Ingwerpüree
- ➢ 2 EL Zitronensaft
- ➢ 4 EL Olivenöl

Zubereitung: Die Knoblauchzehe fein schneiden oder in einer Knoblauchpresse zerdrücken. Die Blätter in einem Mörser fein stoßen oder mit einem Messer klein schneiden. In einer Pfanne den Kreuzkümmel und das Korianderpulver etwa 1 Minute lang bei kleiner Hitze mit etwas Öl anbraten. Dann alle anderen Zutaten dazumischen und kurz dünsten.

Dieser Dip kann zum Beispiel in halben Aprikosen oder Pfirsichen, auf Brot- oder Zucchinischeiben serviert werden.

Zutaten für eine kleine Chermoula-Zucchini-Vorspeise:

➢ Chermoula (siehe Seite 36)

➢ 2 kleine Zucchini (ungefähr 400 g)

➢ Olivenöl für das Backblech

Zubereitung: Zucchini waschen und der Länge nach in etwa 2cm dicke Streifen schneiden. Dann nebeneinander auf ein gefettetes Backblech legen und etwa 10 Minuten bei 200°C im vorgeheizten Backofen backen. Herausnehmen, jeden Streifen mit etwas Chermoula bedecken und nochmals ungefähr 5 Minuten backen.

In etwa 6 cm lange Stücke schneiden und warm oder kalt servieren.

Cracker mit Schafskäse & Bohnen

Zutaten für die Cracker:

- ➤ 50 g Parmesankäse (gerieben)
- ➤ 50 g weiche Butter (ungesalzen)
- ➤ 1 Ei
- ➤ 110 g Buchweizenmehl
- ➤ 3 getrocknete Tomaten (klein geschnitten)
- ➤ 2 Prisen Cayennepfeffer
- ➤ Etwas Speiseöl oder Butter zum Einfetten eines Backbleches

Zubereitung: Die Zutaten vermischen und kurz mit der Hand kneten. Ungefähr 2 Stunden zugedeckt im Kühlschrank aufbewahren. Backofen auf 180°C vorheizen. Ein Backblech mit Speiseöl oder Butter einfetten. Den Teig ausrollen und in etwa 4 cm breite x 3mm dicke Vierecke schneiden. Oder mit Hilfe von Förmchen schöne Figuren ausstechen.

Etwa 8 bis 10 Minuten lang backen, abkühlen lassen und dann belegen.

Zutaten für den Belag:

- ➤ 50 g weicher Schafskäse
- ➤ 100 g Butterbohnen (aus der Dose)
- ➤ Einige ganze Butterbohnen (zum Dekorieren)
- ➤ Etwas schwarzer Pfeffer (frisch gemahlen)
- ➤ Einige schwarze Oliven und Petersilienblätter

Zubereitung: 100 g Bohnen gut abtropfen lassen und mit dem Schafskäse vermischen. Mit einer Gabel klein drücken. Mit Pfeffer würzen und die Masse auf einem Teil der Cracker verteilen.

Mehrere Cracker mit ganzen Butterbohnen verzieren und zusätzlich einige schwarze Oliven und Petersilienblätter auf den Teller legen. Die übrigen Cracker können mit etwas anderem belegt werden, schmecken aber auch „ohne alles" gut.

Dukkah

Zutaten für eine kleine Schüssel:

➢ ½ Tasse Haselnüsse, ½ Tasse Walnusshälften

➢ ½ Tasse Sesamkörner

➢ 1 bis 2 TL schwarzer Pfeffer (frisch gemahlen)

➢ 1 TL gemahlener Kreuzkümmel (oder zerstoßene Kreuzkümmelsamen)

➢ 1 TL Salz

Zubereitung: Nüsse knacken und die Schalen entfernen. Die Haselnüsse und Walnüsse auf ein Backblech legen und bei 180°C im vorgeheizten Backofen ungefähr 5-10 Minuten lang backen (bis sie leicht gebräunt sind). Etwas abkühlen lassen und sehr klein hacken oder in einer elektrischen Küchenmaschine klein mahlen. In einer Bratpfanne die Sesamkörner bei mittlerer Hitze mit dem Kreuzkümmel unter ständigem Rühren leicht anbräunen. Dann mit den Nüssen, Pfeffer und Salz vermischen, abkühlen lassen und in einer hübschen Schale servieren. Dazu reicht man Olivenöl und Brot.

Tipps: In eine kleine Schale derselben Art Olivenöl füllen. Frisches Brot, Pitabrötchen oder Fladenbrot erst in das Öl und dann in das Dukkah tunken.

Weitere Dukkah-Gerichte folgen in diesem Kochbuch. Varianten: Um Zeit und Energie zu sparen, kann man die Nüsse auch in einer Pfanne rösten. Statt Walnüssen habe ich einmal Sonnenblumenkerne verwendet.

Dukkah-Rinderhackbällchen mit Couscous

Zutaten für ungefähr 18 abgeflachte Bällchen:

- ➤ 500g Hackfleisch vom Rind
- ➤ 1 kleine, fein geschnittene Zwiebel
- ➤ 1 Knoblauchzehe (zerdrückt)
- ➤ 2 EL Dukkah-Gewürz (siehe oben)
- ➤ 1 TL Kurkuma
- ➤ 1 TL Senf
- ➤ 1 Prise Chilipulver
- ➤ ½ TL Meersalz
- ➤ Olivenöl zum Anbraten
- ➤ 50 g Couscous
- ➤ 50 ml kochendes Wasser
- ➤ ½ EL Olivenöl
- ➤ 1 EL frische Korianderblätter (zerhackt)
- ➤ 1 EL frische Pfefferminzblätter (zerhackt)

Zubereitung: In einer Schüssel das Rinderhackfleisch mit Knoblauch und Zwiebel und den Gewürzen Dukkah, Kurkuma, Chili und Meersalz gut vermischen. Bällchen formen und diese etwas flach drücken. In einer leicht geölten Bratpfanne braten, bis sie gar sind. Zwischendurch vorsichtig wenden.

Das Couscous in einem Topf mit 50 ml kochendem Wasser bedecken und mindestens 5 Minuten darin ziehen lassen. Dann mit einer Gabel etwas auflockern und weitere 5 Minuten ziehen lassen, bis das Wasser aufgesogen ist. Mit Olivenöl, Koriander- und Pfefferminzblättern mischen und je einen TL als warmen Dip auf die Fleischbällchen geben.

Tipps: Mit Zahnstochern oder bunten Plastikspießchen servieren. Oder etwas Fladenbrot mit Couscous bestreichen und die Hackbällchen darauflegen.

Couscous kann man auch kalt zu Salaten reichen oder statt Bulgur zum Tabouleh-Dip verwenden (siehe Rezept in diesem Buch).

Wer möchte, kann vor dem Anbraten auch ein rohes Ei mit in die Hackfleischmasse mischen.

Fischfilet mit gebräunten Mandeln auf Fenchelscheiben

Zutaten:

- ➢ 1 Fenchelknolle
- ➢ 300 g Kabeljau-Filet (oder Seeteufel, Heilbutt oder Zander)
- ➢ Knoblauchsalz nach Geschmack
- ➢ Cayenne-Pfeffer nach Geschmack
- ➢ 1 TL Oregano (getrocknet und gemahlen)
- ➢ Etwas Olivenöl
- ➢ 2 EL gehackte Mandeln
- ➢ ½ TL süßes Paprikapulver
- ➢ Saft von einer halben Zitrone

Zubereitung: Die Fenchelknollen putzen und das Grün zur Seite legen. Jede Knolle halbieren und den harten Strunk herausschneiden, dann in Scheiben zerlegen und in Wasser etwa 15 Minuten dünsten.

Fischfilet in kleine Stücke von etwa 5cm Länge schneiden und auf einen Teller legen. Etwas Cayennepfeffer und Knoblauchsalz mit 1 TL Oregano verrühren und die Fischfilets damit einreiben. Dann in Olivenöl in der Pfanne anbraten – auf jeder Seite ungefähr 4 Minuten.

Die gehackten Mandeln kurz im Bratfett rösten. Den Zitronensaft und süßes Paprikapulver hinzufügen und kurz aufkochen lassen.

Die Fenchelscheiben absieben und trocken tupfen, dann auf jede Scheibe ein Stück Fischfilet geben und vorsichtig die Mandelsoße über die Fischfilets gießen. Jedes Stück mit etwas Fenchelgrün dekorieren und sofort auf kleinen Tellern servieren. Servietten dazu reichen.

Gemüse-Küchlein (Muffins)

Zutaten für 6 Muffins:

- ➤ ½ Zwiebel (fein geschnitten)
- ➤ ½ Lauchstange (etwa 130 g klein geschnittener Lauch)
- ➤ 50 g Rote Linsen
- ➤ Gemüsebrühe (aus ½ L Wasser und ½ Gemüsebrühwürfel)
- ➤ 1 Lorbeerblatt
- ➤ 50 g Cashewkerne (fein gemahlen, geröstet und gesalzen)
- ➤ 30 g Kichererbsenmehl (falls nicht vorhanden, kann man Paniermehl nehmen)
- ➤ 1 Ei
- ➤ 1 TL Majoran (getrocknet)
- ➤ Salz und schwarzer Pfeffer zum Abschmecken
- ➤ Eine Muffin-Form für mindestens 6 Muffins
- ➤ Butter oder Olivenöl zum Einfetten der Muffin-Form
- ➤ Etwas geriebener Käse zum Bestreuen (z. B. Parmesankäse)

Zubereitung: Die Cashewkerne fein mahlen. Lauch sorgfältig waschen und klein schneiden. Backofen auf 200°C vorheizen.

Lauch, Rote Linsen und Zwiebelstücke in der Gemüsebrühe mit einem Lorbeerblatt weich kochen (circa 15 Minuten). Absieben und gut abtropfen lassen, das Lorbeerblatt entfernen.

Das Gemüse mit dem Cashewnussmehl in einer Schüssel vermischen und mit Majoran, Salz und Pfeffer abschmecken. 1 Ei und Kichererbsenmehl zufügen.

Die Vertiefungen einer Muffin-Form mit Butter oder Olivenöl einfetten und mit der Gemüsemischung füllen. Leicht mit geriebenem Käse bestreuen.

Etwa 25 bis 30 Minuten backen. Kurz in der Form etwas abkühlen lassen und warm servieren.

Tipps: Die abgesiebte Brühe kann man am nächsten Tag noch für eine Suppe verwenden.

Wer keine Muffin-Form hat, kann etwas mehr Cashewnussmehl und Kichererbsenmehl oder Paniermehl nehmen und mit der Hand Bratlinge oder Würstchen formen und diese backen.

Grüne Cracker mit Thunfisch und hartgekochten Eiern

Zutaten für die grünen Cracker:

- ➢ 100 g Thunfisch (in Öl eingelegt aus der Dose, gut abgetropft)
- ➢ ½ Schlangengurke (circa 300g / eine Sorte mit möglichst wenig Samen)
- ➢ 1 EL Mayonnaise,
- ➢ ¼ TL frischer Zitronensaft
- ➢ ½ TL klein geschnittene frische junge Estragonblätter
- ➢ 1½ TL klein geschnittene Frühlingszwiebeln
- ➢ Salz und Cayennepfeffer zum Abschmecken
- ➢ 6 Cocktail-Tomaten und eventuell einige Senfsprossen

Zubereitung: Die halbe Gurke in ungefähr 6 mm dicke Scheiben schneiden (mindestens 6 Scheiben). Die Mayonnaise mit dem Zitronensaft, Estragon und Frühlingszwiebel verrühren. Sodann den abgetropften Thunfisch mit einer Gabel zerkleinern und dazumischen.

Mit etwas Salz und Cayennepfeffer abschmecken.

Auf jeden Gurkencracker etwa anderthalb TL der Mischung setzen (eventuell mit Hilfe einer Sahnespritze). Abgedeckt noch bis zu 2 Stunden im Kühlschrank aufbewahren und dann mit je einer Cocktail-Tomate, eventuell auch mit einigen frischen Senfsprossen (siehe unten) und einem kleinen Spieß versehen und servieren.

Tipps: Servietten bereitlegen.

Statt Thunfisch kann man auch Lachs oder gekochte oder gebratene, abgekühlte kleine Hähnchenbruststreifen verwenden. Statt Frühlingszwiebel kann Schnittlauch genommen werden.

Zutaten für die hartgekochten Eier

> ➢ 3 Hühnereier

> ➢ 1 TL Salz vermischt mit 1 TL zerstoßenen Kreuzkümmelsamen

> ➢ ein paar hübsche Salatblätter zur Dekoration

Zubereitung: Die Eier in kochendem Wasser 7 ½ Minuten hart kochen, mit kaltem Wasser abschrecken und pellen. Halbieren und jede Oberseite leicht mit der Salz-Kreuzkümmelmischung besprenkeln. Mit ein paar Salatblättern und den „grünen Crackern" servieren.

Zubereitung der Senfsprossen: 1 EL Senfkörner 6 Stunden oder über Nacht in lauwarmem Wasser einweichen. Wasser abgießen und Senfkörner in ein Glas füllen, dieses mit einem Fliegennetz und Gummiring verschließen und mit der Öffnung schräg nach unten auf eine Ablaufstelle setzen, so dass überschüssiges Wasser ablaufen kann.

Bei einer Durchschnittsraumtemperatur von 21°C 2x täglich mit frischem, fließendem Wasser spülen. Nach 3 Tagen ernten (der Keim sollte 3-4mm lang sein).

Senfsprossen regen die Verdauung an und passen gut zu hart gekochten Eiern und zu Mayonnaise.

Gurkenrollen mit Lachs

Zutaten:

- ➢ 200 g Lachsfilet (oder Nilbarsch-, Wels- oder anderes Fischfilet Ihrer Wahl)
- ➢ 1 kleine Zwiebel
- ➢ 1-2 EL Olivenöl
- ➢ 1 Gewürznelke (im Mörser zerstoßen)
- ➢ ¼ TL scharfes Paprikapulver
- ➢ ¼ TL schwarzer Pfeffer (frisch gemahlen)
- ➢ ¼ TL geriebene Muskatnuss
- ➢ je ½ TL Kardamom, Kreuzkümmel (Cumin), Koriandersamen, Zimt
- ➢ 3-4 EL süße Sahne
- ➢ Salz nach Geschmack
- ➢ 1 Stängel Dill
- ➢ 1 Schlangengurke (etwa 600g)
- ➢ Nach Belieben etwas Echte Brunnenkresse (Wasserkresse)

Zubereitung: Zwiebel fein schneiden und Fisch in Würfel schneiden, in etwas Öl anbraten. Mit den Gewürzen, süßer Sahne und fein gehacktem Dill kurz weiter dünsten. Abkühlen lassen.

Einen Teil der Schlangengurke in sechs ungefähr 4 cm lange Stücke schneiden und diese so schälen, dass jeweils ein Streifen der Schale daran gelassen wird. Die Stücke vorsichtig aushöhlen (einen dünnen Rand an den Seiten und am Boden lassen). Das Innere klein schneiden, mit den Lachswürfeln mischen und in die Gurken füllen.

Eventuell mit etwas Echter Brunnenkresse dekorieren.

46

Varianten: Den Rest der Gurke in ungefähr 6 mm dicke Scheiben schneiden und mit Lachs, Thunfisch oder Schafskäse belegen.

Man kann die Fischmischung auch auf einige zarte Kohlrabischeiben oder frische halbierte Selleriestangen streichen.

Statt Sahne etwas Nussmilch nehmen (zum Beispiel Milch von Cashewnüssen - siehe unter „Kamelmilch und Alternativen zu Kuhmilch".)

Für Vegetarier kann man einige Gurkenstücke mit Cacik füllen.

Hähnchenspieße

Zutaten:

- ➢ 750 g Hähnchenbrustfilet
- ➢ 3 Knoblauchzehen (fein geschnitten)
- ➢ ¾ TL Salz
- ➢ 3 EL Olivenöl
- ➢ 1 ½ EL weißer Essig
- ➢ Saft einer kleinen Zitrone
- ➢ 1 EL Oregano (getrocknet und gemahlen)
- ➢ Bambusspieße zum Grillen
- ➢ 12 Cocktailtomaten (nach Belieben)

Zubereitung: In einer großen Schüssel die fein geschnittenen Knoblauchzwiebeln, Salz, Öl und Essig, Zitronensaft und Oregano vermischen. Die Hähnchenbrustfilets in etwa 3 cm große Würfel schneiden und in die Marinade legen, mehrmals umwenden. Mindestens 6 Stunden lang, am besten über Nacht, abgedeckt im Kühlschrank aufbewahren.

Die Hähnchenstücke auf Bambusspieße stecken, die vorher eine halbe Stunde im Wasser gelegen haben, und dann grillen, bis sie gar sind.

(Man kann die Hähnchenwürfel auch in einer Bratpfanne bei mittlerer Hitze anbraten und dabei mehrmals wenden und dann auf kleine Spieße stecken).

Warm oder kalt servieren. Nach Belieben können einige Cocktailtomaten mit aufgespießt werden.

Tipps: Dazu passen Dips und Fladenbrot sowie marinierte Artischockenherzen.

Varianten: Man kann die Hähnchenstücke auch mit Hummus und eingelegten Gurken in Fladenbrot einwickeln und als „Sandwich" servieren.

Da ich einmal kein Oregano im Haus hatte, habe ich stattdessen 1 TL Estragon und ½ TL Salbei für die Marinade verwendet, was ebenfalls köstlich schmeckte.

Man kann auch Paprika- und Zucchinistücke, Champignons und marinierte feste Tofustücke mitgrillen.

Hähnchen - Taschen mit Kartoffeln und Erbsen

Zutaten für 27 kleine Taschen:

- ➤ 300 g zartes Hähnchenfleisch (Hackfleisch ohne Haut und ohne Knochen)
- ➤ Olivenöl zum Anbraten in der Pfanne und zum Einfetten eines Bleches
- ➤ 300 g Kartoffeln (gekocht, geschält und püriert)
- ➤ 100 g Erbsen (gekocht)
- ➤ 1 kleine Zwiebel (fein geschnitten)
- ➤ 2 Knoblauchzehen (fein geschnitten)
- ➤ ¼ TL Koriander (gemahlen)
- ➤ ¼ TL Kreuzkümmel (gemahlen)
- ➤ ¼ TL Kurkuma (gemahlen)
- ➤ 1 Prise Chilipulver
- ➤ Salz nach Geschmack
- ➤ 1 EL Korianderblätter (fein gehackt)
- ➤ 3 Platten (24 cm x 24 cm) Blätterteig
- ➤ 1 Ei (leicht verquirlt)
- ➤ 6 schöne, grüne Blätter der Kapuzinerkresse (falls vorhanden)

Zubereitung: Kartoffeln in der Schale in genügend Wasser weich kochen, abkühlen lassen, pellen und zu einem Püree verarbeiten. Gefrorene oder frische Erbsen kurz in heißem Wasser weich sieden.

Gefrorenen Blätterteig auftauen. Den Backofen auf 190°C vorheizen.

Hähnchenfleisch in ganz kleine Würfel schneiden oder zu Hackfleisch verarbeiten und in einer Pfanne mit etwas Öl mit Zwiebeln und Knoblauch anbraten (etwa 5 bis 8 Minuten). Gewürze zufügen. Alles mit dem Kartoffelpüree und den Erbsen vermengen.

Den Blätterteig in 8 cm große Vierecke schneiden. Zwei Teelöffel Kartoffel-Hähnchen-Mischung auf jedes Viereck legen und vorsichtig zusammenfalten.

Dann die gefüllten Teigtaschen nebeneinander auf ein eingefettetes Backblech legen. Die Oberseiten mit etwas verquirltem Ei bestreichen und sodann 10 Minuten backen. Umdrehen, auch diese Seite mit Ei bestreichen und weitere 10 Minuten goldbraun backen.

Eventuell 6 Teigtaschen auf Kapuzinerkresse- Blättern servieren.

Tipps: Oder den Blätterteig in 12 cm große Vierecke schneiden und diese zu Dreiecken halbieren. Falls erhältlich, können auch runde oder dreieckige Yufka-Blätter oder Malsouka-Blätter als Teigtaschen verwendet werden.

Eventuell auch gekochte, klein geschnittene Möhren zu der Hähnchen-Mischung geben und dann etwas weniger Kartoffeln nehmen.

Halloumi- Lauch-Taschen

Zutaten für 8 Taschen:

- ➤ 90 g Halloumi-Käse
- ➤ 1 große Lauchstange (ungefähr 300 g)
- ➤ 1 Knoblauchzehe (fein geschnitten)
- ➤ 2 EL süße Sahne (oder Milch)
- ➤ 1 TL Senfkörner, ½ TL Oregano
- ➤ Salz und Pfeffer nach Geschmack
- ➤ etwas Mehl (ungefähr 2 EL)
- ➤ 20 g Butter zum Andünsten
- ➤ Etwas weiche Butter zum Bestreichen der Taschen
- ➤ Etwas weiche Butter zum Einfetten eines Bleches
- ➤ 2 Platten (24 cm x 24 cm) Blätterteig

Zubereitung: Den Backofen auf 190°C vorheizen. Lauch mitsamt den grünen Blättern klein schneiden und gründlich waschen. Knoblauch fein schneiden. Lauch und Knoblauch in 20 g Butter weich dünsten.

Halloumi-Käse in kleine Würfel schneiden und 1 - 2 Minuten mitdünsten, dann die süße Sahne und die Senfkörner dazugeben. Die Mischung mit etwas Mehl andicken und mit Salz, Pfeffer und Oregano abschmecken. (Vorsicht mit dem Salz, da Halloumi oft recht salzig ist!) Alles gut vermengen und dann in die Teigtaschen füllen: Den Blätterteig in 12 cm große Quadrate schneiden. Die Mischung gleichmäßig darauf verteilen (jeweils einen Teil in die Mitte setzen) und jedes Viereck zu einem Dreieck zusammenfalten. Die Teig-Enden zusammenpressen und eventuell leicht übereinanderschlagen.

Die Taschen auf ein gefettetes Backblech legen, mit etwas geschmolzener Butter bestreichen und ungefähr 25 Minuten goldbraun backen.

Hummus (Kichererbsenpüree)
mit Kürbis & Grünkohl

Zutaten für eine Schale:

- ➢ 150 g getrocknete Kichererbsen
- ➢ 1 TL Natronpulver (Speise-Natron)
- ➢ Salz und Pfeffer nach Geschmack
- ➢ 100 g Blätter vom Grünkohl (ohne die harten Stiele)
- ➢ Ein paar frische, junge Blätter vom Grünkohl (zum Dekorieren)
- ➢ 200 g Kürbispüree
- ➢ 2 EL Erdnussbutter (oder stattdessen 2 EL Tahina)
- ➢ 2 -3 EL Zitronensaft (frisch gepresst)
- ➢ 1 TL Kreuzkümmel (Cumin)
- ➢ ½ Zwiebel
- ➢ Etwas Olivenöl (ungefähr 1 EL)
- ➢ Etwas Chilipulver oder scharfes Paprikapulver (nach Belieben)

Zubereitung: Die trockenen Kichererbsen in einer Schüssel mit kaltem Wasser ungefähr 14 Stunden (über Nacht) einweichen. Eventuell 1 TL Natronpulver ins Wasser geben. Am nächsten Tag die Kichererbsen mindestens 1 Stunde lang in frischem Wasser (auf kleiner Flamme) weich kochen und den sich bildenden weißen Schaum von Zeit zu Zeit abschöpfen. Zum Schluss die Kichererbsen absieben. 7 ganze Kichererbsen zur späteren Dekoration zur Seite legen.

Den Kürbis in Wasser weichkochen, Schale und Samen entfernen, in Stücke schneiden. Grünkohl von den harten Stielen befreien und die Blätter circa 30 bis 45 Minuten in einem Einsatz über kochendem Wasser weich dünsten.

Eine Zwiebel schälen und in der Pfanne mit 1 EL Öl andünsten.

Alle Zutaten in einer elektrischen Küchenmaschine fein mischen. Falls die Masse zu dickflüssig ist, etwas Olivenöl und Zitronensaft hinzufügen. Mit Salz, Pfeffer und etwas Chilipulver würzen.

Den Dip in eine hübsche Schale füllen. Vor dem Servieren mit den 7 ganzen Kichererbsen und einigen jungen, ungekochten Grünkohlblättern (oder ein paar Petersilienblättern) garnieren.

Als Beilage zu Brot und Gemüsestreifen oder zu Fleischgerichten reichen.

Tipps: Dies ist eine recht aufwendige Arbeit, doch der Hummus ist besonders lecker. Wer allerdings wenig Zeit hat, kann einfach Kichererbsen aus der Dose nehmen. Abtropfen lassen. Vorsicht mit dem Salz: Viele Kichererbsen sind bereits gesalzen, wenn sie aus der Dose kommen.

Kichererbsen – Süßkartoffel -
Dip oder Falafeln

Zutaten für einen Dip:

- ➢ 300 g weiche Kichererbsen (gut abgetropft, aus einer 400g Dose)

- ➢ 400 g Süßkartoffeln (geschält und weich gekocht, in Stücke geschnitten)

- ➢ 1 Knoblauchzehe (geschält)

- ➢ 1 ½ EL Tahina (Sesampaste, auch „Tahin" oder „Tahini" genannt)

- ➢ 1 TL Currypulver

- ➢ 1 TL Kreuzkümmel (gemahlen)

- ➢ 1 Stück Ingwer (frisch, geschält; etwa 1,5 cm x 1,5 cm groß)

- ➢ 2 EL Zitronensaft

- ➢ Petersilienblätter von einem Stängel Flacher Petersilie

- ➢ 1 TL Salz

- ➢ ½ TL schwarzer Pfeffer (oder etwas mehr)

- ➢ ½ TL süßes Paprikapulver

Zubereitung des Dips: Süßkartoffeln waschen, schälen und in genügend Wasser weichkochen, dann in Stücke schneiden. Kichererbsen aus der Dose gut abtropfen lassen. In einer elektrischen Küchenmaschine alle Zutaten zu einem feinen Püree mischen, abkühlen lassen und in einer Schüssel servieren.

Dies ist ein sehr leckerer Dip zu Möhrenstreifen, Selleriestangen oder zu Fladenbrot und kann bereits einen Tag vor der Feier zubereitet werden. Wer hübsche Dekorationen mag, kann den Dip kurz vor dem Servieren in eine Sahnespritze füllen und dann auf Cracker, hart gekochte Eierhälften, auf

Brot oder Gemüsestreifen geben (Vorsicht: Cracker weichen nach einer Weile auf).

Tipps: Ich bevorzuge ungeschältes, dunkles Tahina. Statt Süßkartoffeln kann man auch Kürbispüree nehmen. Falls der Dip zu dickflüssig ist, etwas Olivenöl zumischen.

Zubereitung der Falafeln: Einen Teil des Dips kann man auch zu Falafeln verarbeiten. Mit genügend Weizenmehl, Kichererbsenmehl oder Eiweißpulver vermischen und Plätzchen oder Bällchen formen. Als weiteres Gewürz kann man etwas Zaatar (Origanum syriacum) zufügen. Die Falafeln etwa 30 Minuten im vorgeheizten Backofen bei 180°C backen.

Warm oder kalt servieren und dazu Fladenbrot und Cacik und / oder Tabouleh-Dip reichen.

Kleine Käse-Bällchen mit Sesam und Oliven

Zutaten für 18 kleine Kugeln:

- 100 g mittelalter Gouda-Käse
- ½ - 1 EL weißer Joghurt
- ¼ EL Olivenöl
- 2 EL grüne, geschälte Kürbiskerne
- 1 MS Pfeffer
- ungefähr 2 EL Sesamkörner (geröstet)
- Oliven Ihrer Wahl (z.B. 12 grüne, gefüllte Oliven und 12 schwarze Oliven)

Zubereitung: Käse raspeln und mit Joghurt, etwas Öl und Pfeffer und den gehackten Kürbiskernen zu einem geschmeidigen Teig rühren. Dann zu marzipankartoffelgroßen Bällchen formen. Auf eine mit einer Aluminiumfolie ausgelegten Platte legen und etwa 1 Stunde lang im Kühlschrank härten lassen.

Sesamkörner kurz (ohne Öl) in einer Pfanne anbräunen (dabei gut schwenken, um Anbrennen zu vermeiden) und dann auf einen Teller legen. Die Käsebällchen darauf herumrollen, bis sie gleichmäßig mit Sesam bedeckt sind.

Nochmals an einem kühlen Ort mindestens 2 Stunden ziehen lassen. Mit Oliven Ihrer Wahl servieren.

Tipps: Auf Cracker spießen oder Spießchen dazu reichen. Dies ist eine sättigende Nachspeise, von der man sich nur 2 oder 3 Bällchen gönnen sollte.

Die Bällchen können schon am Tag zuvor vorbereitet werden.

Varianten: Statt Kürbiskernen und Pfeffer können auch klein geschnittenes Grün von Schalotten und von Kapuzinerkresseblättern (je 1 EL) oder einfach etwas Dill verwendet werden.

Man kann auch einige Oliven (ohne Steine) mit etwas Teig umhüllen, zu Bällchen formen und diese nicht mit Sesam, sondern mit süßem Paprikapulver benetzen und dann auf Cracker spießen.

Lammfleisch-Kürbis-Taschen

Zutaten für 8 Taschen:

➢ 250 g Hackfleisch vom Lamm (oder vom Rind)

➢ 100 g Kürbis-Püree

➢ 1 Zwiebel

➢ etwas Olivenöl oder Butter

➢ 1 TL Kreuzkümmel, 1 TL Kurkuma

➢ 1 Stängel Flache Petersilie

➢ Salz und Pfeffer nach Geschmack (oder 1 TL Dukkah-Gewürz)

➢ 2 Blätterteigplatten (etwa 400 g)

➢ Backpapier

Zubereitung: Kürbis entkernen, in genügend Wasser weich kochen (oder im Backofen bei 190°C backen), aus der Schale nehmen und zu einem Püree verarbeiten. Zwiebel schälen und klein schneiden. Petersilienblätter klein hacken. Backofen auf 200°C vorheizen.

Das Hackfleisch mit Zwiebel, Kürbispüree, Petersilienblättern und Gewürzen gut vermischen. Die Blätterteigplatten in 12 cm große Vierecke schneiden. Mit einem Esslöffel einen Teil der Masse in jede Mitte geben, die Ecken darüberfalten und gut andrücken.

Ein Backblech mit Backpapier auslegen. Die Fleisch-Taschen auf der Unterseite mit etwas Öl oder geschmolzener Butter bestreichen und auf das Backpapier legen. Im vorgeheizten Backofen bei 200°C backen. Nach 20 und nochmals nach 35 Minuten mit etwas kaltem Wasser aus einer Sprühflasche leicht bespritzen, damit sie knuspriger werden. Nach etwa 40 Minuten aus dem Backofen nehmen und warm servieren.

Tipp: Dazu können zum Beispiel marinierte mittelscharfe Paprikastreifen oder eingelegte Gurken serviert werden.

Lammspieße („Shish Kebab")

Zutaten:

- ➢ 700 g Lammfleisch (von der Schulter oder vom Bein)
- ➢ 1 rote, ½ grüne und ½ gelbe Paprika
- ➢ 1 EL Olivenöl
- ➢ 2 Knoblauchzehen und ½ Zwiebel (geschält und fein geschnitten)
- ➢ ½ TL getrocknetes Oregano
- ➢ ¼ TL schwarzer Pfeffer (frisch gemahlen)
- ➢ ¼ TL mildes Paprikagewürz
- ➢ Salz nach Geschmack
- ➢ 1 Lorbeerblatt
- ➢ einige frische Pfefferminzblätter
- ➢ 1 Zwiebel (geschält und in dicke Scheiben geschnitten)
- ➢ 200 g Champignons
- ➢ 1 Limette (gegrillte Stücke) und ein paar Zweige Krause Petersilie zur Dekoration
- ➢ 12 Bambusspieße

Zubereitung: Das Lammfleisch in etwa 3 cm große Würfel schneiden, die Paprika entkernen und in 3 cm lange Stücke schneiden.

Die fein geschnittenen Knoblauchzehen und ½ Zwiebel mit Öl, Gewürzen und Kräutern mischen. Die Lamm- und Paprikastücke hinzufügen und mehrmals umwenden, bis sie gleichmäßig mit der Marinade benetzt sind. Zugedeckt 3 bis 4 Stunden (oder über Nacht) im Kühlschrank stehen lassen.

Die Bambusspieße ½ Stunde lang in Wasser legen. Die Zwiebel in große Scheiben schneiden und die Pilze halbieren, falls sie sehr groß sind. Die Lammwürfel und Paprikastücke abwechselnd mit den Pilzen und Zwiebel-

58

scheiben auf die abgetropften Bambushölzchen spießen. Das Lorbeerblatt entfernen.

Die Spieße etwa 10 Minuten (eventuell auf einem Backpapier) grillen, dann umdrehen und nochmals circa 10 Minuten grillen. Zum Schluss die Limettenscheiben kurz mitgrillen.

Die Spieße mit den gerösteten Limettenscheiben und etwas Krauser Petersilie dekorieren und warm servieren.

Tipps: Dazu können Cacik und Hummus als Dips gereicht werden. Statt Champignons können auch 1 cm dicke Zucchini-Scheiben und Cocktail-Tomaten verwendet werden. Diese getrennt vom Fleisch eine kürzere Zeit grillen.

Variante: Etwas Quittenmus und einige weiche, entsteinte Backpflaumen zu dem gegrillten Lammfleisch reichen.

Wer den Quittenkompott selber zubereitet, kann zu den Quitten etwas sauren Kochapfel, Anis, Zimt und Zitronensaft hinzufügen.

Lammbraten mit Quitten ist ein beliebtes Gericht in Marokko.

Linsen-Bohnen-Puffer

Zutaten für ungefähr 12 Puffer:

- ➢ 100 g braune Linsen
- ➢ 50 g feiner Bulgur (Weizenschrot, auch „Burghul" oder „Burgur" genannt)
- ➢ 100 g Butterbohnen (aus der Dose)
- ➢ 1½ EL klein geschnittenes Grün einer Frühlingszwiebel
- ➢ 1 Blütenstand einer roten Gemüsezwiebel oder einer Frühlingszwiebel (falls verfügbar)
- ➢ je ¼ TL Cayennepfeffer, Curry, Kreuzkümmel und Kurkuma
- ➢ 1 Prise gemahlene Muskatblüte (Macis)
- ➢ Salz nach Geschmack
- ➢ 3 EL Vollkornmehl
- ➢ 1 Ei
- ➢ Olivenöl zum Braten

Zubereitung: Linsen 10-12 Stunden (über Nacht) einweichen und am nächsten Tag in frischem Wasser weich kochen (etwa 15 Minuten. Vorsicht: Sie schäumen auf!) und absieben.

50 g Bulgur dazumischen und ½ Stunde ruhen lassen, um den Bulgur etwas aufzuweichen.

Gut abgetropfte Butterbohnen, Gewürze, Vollkornmehl und 1 Ei hinzufügen. Eventuell einen Blütenstand einer Gemüse- oder Frühlingszwiebel fein zupfen und dazugeben.

Etwas Olivenöl in einer Pfanne erhitzen. Jeweils einen Esslöffel der Masse in das Öl geben und auf beiden Seiten anbraten. Warm servieren.

Tipp: Dips oder süße Chilisauce dazu reichen.

Linsensprossen-Möhren-Puffer
und Türmchen-Variante

Zutaten für ungefähr 12 kleine Puffer:

- Linsensprossen (von 100 g grün-braunen Linsen)
- 100 g Möhren
- 100 g Vollkornmehl
- 80 g saure Sahne
- 50 g Zwiebeln (klein geschnitten)
- je ¼ TL Chili, Kreuzkümmel und Kurkuma
- ½ TL Curry
- 1 Prise gemahlene Muskatblüte (Macis)
- Salz nach Geschmack
- 1 Ei
- Eventuell einige frische Blätter von Brunnenkresse oder Minze
- Olivenöl zum Braten

Zubereitung: Linsen circa 21 Stunden einweichen (bei einer Raumtemperatur von ungefähr 21°C).

Wasser abgießen und Linsen in ein Glas füllen, dieses mit einem Fliegennetz und Gummiring verschließen und mit der Öffnung schräg nach unten auf eine Ablaufstelle setzen, so dass überschüssiges Wasser ablaufen kann. 3 Tage lang 2-3x täglich mit fließendem frischem Wasser spülen, dann ernten.

Linsensprossen kurz (etwa 3 Minuten) in genügend Wasser weich dünsten. Möhren raspeln. Das Mehl mit der sauren Sahne, Linsensprossen, Möhrenraspel, Zwiebelstücken und den Gewürzen gut verrühren. 1 Ei und eventuell 1-2 EL frische Kräuter untermischen.

Etwas Olivenöl in einer Pfanne erhitzen. Jeweils einen Esslöffel der Masse in das Öl geben und auf beiden Seiten anbraten. Warm servieren.

Dazu zum Beispiel Fladenbrot, süße Chilisauce, Cacik und Tabouleh reichen.

Türmchen-Variante: In einer Pfanne mit Olivenöl einige Zucchini- und Tomatenscheiben kurz andünsten und mit etwas Zitronensaft, Balsamico-Essig und Knoblauchsalz würzen. Auf jeden Linsensprossen-Möhren-Puffer je eine Scheibe Zucchini, ein kleines Salatblatt und eine Tomatenscheibe setzen und mit Spießchen servieren.

Rote-Bete-Dip

Zutaten (für eine kleine Schüssel):

➢ 2 Rote-Bete-Knollen (ungefähr 500 g)

➢ 1 Becher weißer Joghurt (etwa 200 g)

➢ 1 Knoblauchzehe

➢ 1 EL Zitronensaft oder 1 EL Essig (Malzessig, falls vorhanden)

➢ eventuell 1 TL Zucker

➢ 1 EL Grün einer Frühlingszwiebel (fein geschnitten)

➢ 1 EL Petersilie (klein gehackte, frische Blätter)

Zubereitung: Die Rote-Bete-Knollen waschen und etwa eine Stunde lang in kochendem Wasser kochen. Dabei müssen sie vollständig von Wasser bedeckt sein. Wenn sie gar sind (zum Prüfen mit einer Gabel einstechen), absieben, abschrecken, abkühlen lassen und pellen. Dann in sehr kleine Stücke schneiden oder raspeln.

Den Knoblauch sehr fein schneiden oder in einer Knoblauchpresse zerdrücken. Den Joghurt mit der Roten-Bete, Knoblauch, einem EL Zitronensaft oder einem EL Essig und eventuell 1 TL Zucker vermischen. Dieser Dip kann am Tag vor der Feier zubereitet und über Nacht zugedeckt im Kühl-

schrank aufbewahrt werden. Dadurch entfaltet sich der Knoblauchgeschmack noch besser.

Vor dem Servieren das Grün einer Frühlingszwiebel klein schneiden und mit dem Rote- Bete-Dip vermischen. Die Mischung in eine hübsche Schale geben und mit den klein geschnittenen Petersilienblättern dekorieren.

Zu Fladenbrot oder anderem Brot reichen. Passt auch gut zu „Dukkah-Rinderhackbällchen" und zu „Shish Kebab" und Hähnchenspießen.

Tipps: Wer wenig Zeit hat, kann eingelegte Rote-Bete oder auch Rote-Bete aus der Dose nehmen. Gut abtropfen lassen und mit den übrigen Zutaten, aber ohne Zucker, vermengen. Mit ein paar Petersilienblättern verzieren.

Wussten Sie, dass man auch die Blätter der Roten Bete essen kann? Einfach kurz kochen. Man kann die jungen Blätter auch roh verzehren, jedoch finde ich sie etwas bitter.

Spinat-Schafskäse-Pyramiden

Zutaten für den Teig:

➤ 250 g Mehl und 2 Prisen Salz

➤ ¼ Tasse weißer Joghurt (zum Beispiel Griechischer Joghurt)

➤ 2 EL Olivenöl

➤ Etwas Olivenöl zum Bestreichen des Teigs und zum Einfetten des Backbleches

➤ 1 ¼ TL Trockenhefe

➤ ½ Tasse lauwarmes Wasser

➤ ½ TL Zucker

Zutaten für die Füllung:

➤ 200 g gefrorener Spinat (aufgetaut und ausgepresst) oder frische Spinatblätter

➤ 1 kleine Zwiebel (klein geschnitten) und eine Knoblauchzehe (klein geschnitten)

➤ 150 g Schafskäse

➤ 1 EL Olivenöl

➤ ¼ TL schwarzer Pfeffer (frisch gemahlen)

➤ ½ TL Salz und etwas Dill

➤ ½ TL Sumach (falls nicht erhältlich, ½ TL Essig)

➤ 2 TL Zitronensaft

Zubereitung: In einer ¼ Tasse lauwarmem Wasser die Hefe auflösen. ½ TL Zucker dazugeben und etwa 15 Minuten stehen lassen. Das Mehl, etwas Salz und 2 EL Olivenöl in eine große Schüssel geben und leicht durchkneten. Joghurt hinzufügen und nochmals leicht kneten. Das Hefewasser dazumischen und weiter kneten, nach und nach etwas mehr lauwarmes Wasser hinzufügen und zu einem weichen Teig formen. Diesen auf der Oberseite mit

etwas Olivenöl bestreichen und mit einem Küchentuch abgedeckt an einem warmen Ort etwa anderthalb Stunden ruhen lassen.

Den gefrorenen Spinat auftauen und gut auspressen. Er soll möglichst trocken sein. Falls frische Spinatblätter genommen werden, diese von den Stielen befreien, waschen, trocken schleudern und kleinhacken. Den Schafskäse mit 1 EL Olivenöl vermischen (mit einer Gabel durchkneten), dann mit Zwiebel, Knoblauch, Zitronensaft, Salz, Pfeffer, Dill und Sumach (oder Essig) und dem Spinat vermischen. Den Backofen auf 250°C vorheizen.

Den Teig durchkneten (er sollte schön elastisch sein) und in eigroße Stücke zerteilen. Diese zu einem Kreis ausrollen und auf jeden Kreis einen Teil der Spinatfüllung geben. Zusammenfalten und eine kleine Pyramide (oder eine andere „Tasche" oder eine lange „Zigarre") formen, dabei alle Enden gut versiegeln.

Auf einem eingefetteten Backblech auf der mittleren Schiene 15 bis 20 Minuten backen. Etwas abkühlen lassen und warm servieren.

Tipp: Wer keine Zeit hat, einen Teig selber vorzubereiten, kann auch Yufka-Blätter oder etwa 400 g Blätterteig nehmen.

Tabouleh-Dip „Petersilien-Tomatensalat"

Zutaten:

- ➤ 2 TL feiner Bulgur (feiner Weizenschrot, auch „Burgur" oder „Burghul" genannt)
- ➤ 2 bis 3 mittelgroße Tomaten (in kleine Stücke geschnitten)
- ➤ 1 Frühlingszwiebel (fein geschnitten)
- ➤ 2 Tassen fein geschnittene Blätter der Flachen Petersilie
- ➤ 2 EL Olivenöl
- ➤ 2 EL frisch gepresster Zitronensaft
- ➤ 1 Prise Kreuzkümmel (Cumin), 1 Prise Zimt
- ➤ Salz und schwarzer Pfeffer (frisch gemahlen) zum Würzen
- ➤ etwas Olivenöl

Zubereitung: Bulgur mit allen anderen Zutaten vermengen und diese Mischung mit Salz und Pfeffer abschmecken. Den Dip mindestens 30 Minuten vor dem Servieren zubereiten, um den Bulgur etwas aufzuweichen. Oder schon am Tag vorher zubereiten.

Tipps: Tabouleh (oder auch Taboulé geschrieben) ist als Beilage zu Fleischgerichten oder zu Kichererbsen-Falafeln geeignet.

Oder füllen Sie einige Tomaten mit dem Dip. Dazu die Tomaten oben abschneiden, aushöhlen, das Innere mit dem Tabouleh-Dip vermischen und diese Mischung dann in das „Tomatenhaus" füllen.

Varianten: Man kann zusätzlich eine halbe geschälte, klein geschnittene Schlangengurke, etwas Schafskäse und eventuell einige Pfefferminzblätter dazumischen.

Statt Bulgur kann auch Couscous verwendet werden. Couscous circa 5 Minuten lang in kochendem Wasser ziehen und dann abkühlen lassen.

Thunfischbällchen

Zutaten für ungefähr 12 Bällchen:

- ➢ 100 g Thunfisch (aus der Dose in Salzlake / gut abgetropft)
- ➢ ½ kleine, grüne Chili (wer es scharf mag) oder 2 Prisen Chilipulver
- ➢ 1 EL süße Chilisauce
- ➢ ¼ Tasse Kokossahne (etwa 60 ml)
- ➢ 100 g Kokosraspel
- ➢ ½ - 1 EL Zitronensaft
- ➢ 1-2 EL Maismehl, 1 Ei
- ➢ 1-2 EL Koriander (frisch gehackte Blätter)
- ➢ Etwas Olivenöl (oder Sesamöl) zum Anbraten

Zubereitung: Eine halbe Chilischote entkernen und in sehr kleine Stücke schneiden. (Handschuhe anziehen, um tropfende Nase und brennende Augen zu vermeiden!)

Frische Korianderblätter fein hacken.

Den gut abgetropften Thunfisch mit Chili, süßer Chilisauce, Kokossahne und -raspel, Zitronensaft, Maismehl, einem Ei und Korianderblättern vermischen. Kleine Bällchen formen und etwas flach drücken. Dann in einer Pfanne in heißem Öl auf jeder Seite ungefähr 2 Minuten braten. Warm oder kalt servieren.

Tipp: Eventuell Sojasauce oder süße Chilisauce dazu reichen.

Varianten: Wer allergisch gegen Koriander ist, kann stattdessen Petersilienblätter verwenden.

Man kann auch statt Chili und Chilisauce 1-2 EL grüne Currypaste und je 1 Prise Kardamom, Nelkengewürz und Zimt zu dem Thunfisch mischen.

Thunfisch-Baharat-Rollen

Zutaten für die 1. Hülle:

- ➤ 120 g Mehl und 1 EL Maismehl
- ➤ ½ TL Salz
- ➤ 2 Eier
- ➤ 125 ml Wasser
- ➤ Olivenöl zum Backen

Zubereitung: Mehl, Maismehl und Salz in einer Schüssel vermengen. Die Eier mit einer Gabel in einer Tasse verquirlen und dann zu dem Mehl geben. Nach und nach Wasser zufügen und alles zu einem flüssigen Teig vermischen.

In einer Pfanne etwas Olivenöl erhitzen. Dann kurz von der Herdflamme nehmen und mit einer Suppenkelle etwas von dem Teig auf das heiße Öl gießen und die Pfanne schwenken, so dass sich der Teig gleichmäßig verteilt. Die Pfanne wieder auf den Herd stellen, den Teig kurz backen und auf einen Teller oder auf ein Küchentuch legen, dann den Rest ebenso zu dünnen „blassen Pfannkuchen" verarbeiten. Nun die Baharat-Gewürzmischung und die Füllung zubereiten:

Zutaten für Baharat:

- ➤ ¼ TL scharfes Paprikapulver
- ➤ 1 Prise schwarzer Pfeffer (frisch gemahlen)
- ➤ 1 Prise Gewürznelkenpulver
- ➤ 1 Prise geriebene Muskatnuss
- ➤ je 2 Prisen von Kardamom, Korianderpulver, Kreuzkümmel und Zimt

Zutaten für die Füllung:

➢ ½ Tasse geriebener Käse (zum Beispiel Gruyère, Gouda oder Parmesan)

➢ ½ Tasse Kartoffelpüree (je nach Größe 1 bis 2 weich gekochte Kartoffeln)

➢ 100 g Thunfisch aus der Dose

➢ 2 EL Petersilie (frische, klein gehackte Blätter oder 1 EL getrocknete Petersilie)

➢ 1 EL Zitronensaft, 1 Prise Salz

➢ Olivenöl zum Braten

Zutaten für die 2. Hülle:

Einige schöne Chinakohl-Blätter oder feste Salatblätter Ihrer Wahl, zum Beispiel Römersalat

Zubereitung: Kartoffeln weich kochen, schälen und zu einem Püree zerstampfen. Käse reiben, Petersilie klein hacken. Den Thunfisch gut abtropfen lassen und mit der Baharat-Gewürzmischung und den anderen Zutaten für die Füllung (außer dem Öl) gut vermischen.

Dann die Thunfischmischung auf den Pfannkuchen verteilen. Rollen formen und diese in einer Pfanne mit etwas Olivenöl goldbraun braten / mehrmals wenden. Sodann für Fingerfood in kleinere Stücke schneiden und mit schönen Blattabschnitten von einem Chinakohl- oder Römersalat umwickeln (eventuell kleine Spieße zu Hilfe nehmen). Warm servieren.

Anmerkung: Im Orient werden oft „Thunfisch-Malsoukas" mit Thunfisch, Käse, Petersilie und Zitronensaft zubereitet, wobei manchmal ein Ei in die Mitte der Füllung gegeben wird.

Wer statt der „1. Hülle" lieber gekauften Frühlingsrollenteig oder Malsouka-Blätter nimmt, kann die Enden mit etwas Eiweiß bestreichen, um die Taschen zu verschließen, und sie dann frittieren.

Zucchini-Feta-Rohkost und vegane Zucchini-Nudeln

Zutaten für eine leckere Rohkost:

- ➤ 1 mittelgroße Zucchini (etwa 200 g)
- ➤ 1 kleine Zwiebel
- ➤ 1 Knoblauchzehe
- ➤ 1 kleine Tomate
- ➤ 100 g Fetakäse (Schafskäse)
- ➤ 50 g feiner Bulgur (Weizenschrot, auch „Burghul"oder „Burgur" genannt)
- ➤ je ¼ TL Pfeffer und Salz (etwas weniger Salz, falls der Schafskäse sehr salzig ist)
- ➤ ½ TL mittelscharfer Senf
- ➤ 1 EL Petersilienblätter
- ➤ 3 große Fleischtomaten oder 3 frische Roggenbrötchen

Zubereitung: Zucchini an den Enden abschneiden und grob raspeln. Fetakäse mit einer Gabel zerbröseln. Zwiebel, Knoblauch und Tomate fein schneiden, mit Bulgur, Zucchini und den Gewürzen vermischen. Mindestens 2 Stunden oder über Nacht im Kühlschrank aufbewahren (damit der Bulgur weich wird).

3 große Fleischtomaten halbieren und aushöhlen. Das Innere der Tomaten mit der anderen Masse und mit klein gehackten Petersilienblättern vermengen und in die halben Tomaten füllen.

Oder frische Brötchen halbieren und mit der Zucchini-Fetakäsemischung bestreichen.

Varianten: Die Zucchini-Fetakäsemischung in ausgehöhlte Schlangen-gurkenstücke füllen oder in schöne Blattstücke von Chinakohl einwickeln und mit kleinen Spießen feststecken.

Schmeckt auch ohne Bulgur und ohne Zwiebel prima und schön erfrischend.

Zubereitung von veganen „Zucchini-Nudeln": Dünne Streifen so wie Nudeln aus der Zucchini schneiden (mit einem Spiralschneider oder einem Küchenschäler) und diese mit Tomatenstückchen, etwas Knoblauch, Kräutersalz, Pfeffer, Petersilie, Olivenöl oder Sesamöl und 1 TL Obstessig mischen.

In ausgehöhlte Zucchini oder in Pitabrote füllen, eventuell mit einigen Möhrenstreifen und frischen Sprossen dekorieren und als Fingerfood servieren.

Dattel-Kürbis-Bällchen mit Sonnenblumenkernen

Zutaten für ungefähr 18 bis 24 Bällchen:

- ➢ 100 g Sonnenblumenöl
- ➢ ½ Tasse Zucker
- ➢ ¼ TL Orangenblütenwasser
- ➢ 100 g Kürbis (gekocht und zu einem feinen Püree zerstampft)
- ➢ 100 g Datteln (ohne Steine, klein geschnitten)
- ➢ ¼ Tasse Sonnenblumenkerne ohne Schalen
- ➢ 1 Tasse Mehl
- ➢ ½ Tasse Mandelmehl
- ➢ ¼ TL Backpulver

- ➢ 1 Prise Salz

- ➢ 1 Prise Muskatnuss

- ➢ 1 Prise Kreuzkümmel (Cumin)

- ➢ ½ TL fein geschnittene Rosmarinblätter (nach Belieben)

- ➢ etwas Sonnenblumenöl zum Einfetten eines Backbleches

Zubereitung: Kürbis weich kochen oder backen, entkernen und pürieren.

Datteln klein schneiden, mit den Sonnenblumenkernen zusammen fein pürieren und mit dem Kürbispüree vermischen. Den Backofen auf 190°C vorheizen.

Das Öl mit Zucker vermischen und etwas Orangenblütenwasser zugeben. Das Mehl mit dem Backpulver und etwas Muskatnuss, Kreuzkümmel sowie einer Prise Salz dazugeben und mit dem Kürbis-Dattel-Sonnenblumenkernen-Püree vermischen. Alles per Hand zu einem geschmeidigen Teig kneten.

Eventuell ein paar Rosmarinblätter oder die jungen Spitzen von Rosmarinzweigen ganz fein schneiden und zu dem Teig mengen.

Bällchen formen und auf ein gefettetes Backblech geben. Ungefähr 15 Minuten lang goldbraun backen. Kalt servieren.

Varianten: Statt Sonnenblumenkernen kann man auch gehackte Walnüsse nehmen.

Statt Orangenblütenwasser kann man auch Vanillearoma oder Vanillezucker verwenden.

Dattel-Nuss-Boote und Feigenschmaus

Zutaten für die Dattel-Nuss-Boote:

- ➢ 18 große (entkernte) Datteln (eventuell Medjool Datteln)
- ➢ 50 g Parmesankäse am Stück
- ➢ 18 Walnusshälften
- ➢ 12 Aprikosen (getrocknete, organische) und 12 süße Mandeln

Zubereitung: Die Datteln entkernen. Den Käse mit einem Gemüseschäler oder einem guten Käsehobel in dünne etwa 2 cm lange Scheiben schneiden.

In jede Dattel eine Walnusshälfte legen und darüber je eine kleine Käsescheibe, die man eventuell mit einem Zahnstocher oder einem wiederverwendbaren Plastikspießchen neben der Nuss auf die Dattel spießen kann.

Die Aprikosen und die Mandeln rings um die „Dattel-Nuss-Boote" legen.

Tipps: Wer keinen Parmesankäse mag, kann anderen Hartkäse ausprobieren. Für Veganer den Käse weglassen. Medjool Datteln sind besonders groß, süß und saftig.

Zutaten für den Feigenschmaus:

- ➢ 100 g Mohn (in einer Kaffeemühle fein gemahlen)
- ➢ 100 ml Milch + 1 EL lauwarme Milch
- ➢ 1 EL Vanillepuddingpulver
- ➢ 1 Prise Safranfäden
- ➢ 50 g Honig
- ➢ 9 getrocknete Feigen
- ➢ ½ weiche Banane (nach Belieben)

Zubereitung: Die Safranfäden etwa 15 Minuten in 1 EL lauwarmer Milch einweichen. In einem Topf das Vanillepuddingpulver in kalter Milch auflösen, dann die Milch mit Safran, Honig und Mohn dazu mischen. Unter Rühren kurz aufkochen lassen und dann in eine Schüssel gießen.

3 Feigen in kleine Stücke schneiden (die harten Enden entfernen) und mit der Mohnmasse   vermengen. Nach Belieben eine halbe Banane zerdrücken oder klein schneiden und dazu geben. Im Kühlschrank (eventuell über Nacht) abkühlen lassen. Wenn die Masse fester geworden ist, Kügelchen daraus formen.

Die harten Enden der übrigen 6 Feigen entfernen und je eine Mohnkugel auf eine Feige setzen.

Tipps: Die anderen Mohnkugeln können zum Beispiel auf Pfirsichstücke gespießt werden.

Da der Mohn oft zwischen den Zähnen feststeckt, ist diese Speise nicht unbedingt für vornehme Anlässe zu empfehlen.

„Gläser Food" als süßer Nachtisch

Zutaten für 6 Personen:

- ➢ 1 große Birne
- ➢ 1 Orange + Schale (ungespritzt und ungewachst / aus dem Bio-Anbau)
- ➢ 200 ml Granatapfelsaft
- ➢ 200 g Zucker
- ➢ 1 Zimtstange
- ➢ 1 Anisstern
- ➢ ½ Vanilleschote
- ➢ 6 Kugeln Vanilleeis + 6 Gläser + Löffel

Zubereitung: Eine Birne schälen und enthäusen, in Stücke schneiden. Die Orangenschale mit einem Gemüseschälmesser in dünne Streifen schneiden. Diese und die Orangenstücke (eventuell in einer elektrischen Küchenmaschine) zerkleinern.

In einem Topf die Birnenstücke mit dem Orangenmus, Saft, Gewürzen und Zucker aufkochen. Etwa 20 Minuten köcheln lassen. Die Zimtstange, Vanilleschote und den Anisstern herausnehmen. Etwas abkühlen lassen.

Vanilleeis in kleine Gläser geben und mit dem noch warmen Sirup begießen. Kalt oder warm servieren. (Bitte nicht von dem etwas ulkigen Aussehen abschrecken lassen!)

Tipps: Statt Vanilleeis kann man auch Vanillepudding nehmen.

Für Veganer das Vanilleeis oder den Pudding weglassen und den Sirup am Tag zuvor zubereiten, in Gläser füllen und im Kühlschrank aufbewahren, damit er etwas fester wird.

Haselnuss-Happen

Zutaten für den Teig:

- ➤ 90 g brauner Zucker
- ➤ 90 g weiche Butter
- ➤ etwas Butter zum Einfetten einer kleinen Kuchenform
- ➤ 1 Ei
- ➤ 180 g Mehl
- ➤ ½ Päckchen Backpulver
- ➤ ½ Päckchen Vanillezucker

Zutaten für die Füllung:

- ➤ 90 g weißer Zucker
- ➤ 125 g gemahlene Haselnüsse
- ➤ 125 ml süße Sahne

Zubereitung: Aus den Zutaten für den Teig einen geschmeidigen Teig kneten. Den Backofen auf 180°C vorheizen. Haselnüsse von den Schalen befreien und fein mahlen. Den Zucker in einem Kochtopf hellbraun anrösten, dann die Sahne und die gemahlenen Nüsse in kleinen Schüben zugeben. Ständig rühren, um Anbrennen zu verhindern!

Den Boden einer kleinen, runden oder rechteckigen Kuchenform mit etwas Butter einfetten und mit 2/3 des Teiges belegen. Die Füllung daraufgießen. Den Rest des Teiges mit den Fingern auf die Füllung bröseln.

Ungefähr 40 Minuten im vorgeheizten Backofen backen. In der Form erkalten lassen!

Den Kuchen in einer geschlossenen Dose bis zum nächsten Tag aufbewahren. Dann in Portionen schneiden.

Varianten: Statt den Rest des Teiges zu zerkrümeln, kann man ihn zu einer glatten Decke ausrollen und auf die Nussfüllung geben. Etwas Ahornsirup auf den Kuchen streichen, wenn er noch warm ist, und mit einigen Haselnüssen verzieren.

Wer zu wenig Teig für den Deckel übrig gelassen hat, kann diesen einfach mit der Nussfüllung vermischen und dann auf den Teigboden geben und glatt streichen.

Köstliche „Müsli-Kügelchen"
und andere Knabbereien

Zutaten für etwa 18 „Müsli-Kügelchen":

- ➢ 2 getrocknete Feigen
- ➢ 5 Datteln (entkernt)
- ➢ 2 EL Kokosraspel
- ➢ 2 EL Mandelsplitter
- ➢ 2 EL Sonnenblumenkerne
- ➢ 1 EL Sesam
- ➢ 1 EL Ahornsirup
- ➢ 1 Prise Kardamom

Zubereitung: Die harten Enden der Feigen entfernen und Feigen und Datteln in Stücke schneiden. Alle Zutaten in einer elektrischen Küchenmaschine fein mischen.

Zu marzipankartoffelgroßen Kügelchen formen.

Zutaten für weitere Knabbereien:

- ➢ 12 Backpflaumen (weich gekocht)

- ➢ 12 süße Mandeln

- ➢ etwas Trockenobst Ihrer Wahl (zum Beispiel Mangos, Birnen, Ananas)

Zubereitung: Die weichen Backpflaumen entsteinen und jeweils eine ganze Mandel hineinlegen. Mit etwas anderem Trockenobst und den Kügelchen auf einem Teller servieren. Eventuell Spießchen dazu reichen.

Tipp: Um zu vermeiden, dass jemand unerwartet auf etwas Hartes beißt, habe ich die Mandeln sichtbar in die Backpflaumen gesetzt – siehe Titelfoto.

Saftige Varianten: Jeweils eine Backpflaume mit der Mandel darin auf einige weiche Birnen- oder Aprikosenstücke aus der Dose setzen und mit frischen Feigen servieren. Die Feigen eventuell sternförmig aufschneiden (mit 4 Zacken).

Kokos-Aprikosen-Bällchen ohne Mehl

Zutaten für ungefähr 12 Bällchen

➢ 125 g Kokosraspel

➢ 2 Eier

➢ 25 g brauner Zucker

➢ ½ TL Rosenwasser

➢ 9 getrocknete Aprikosen (klein geschnitten)

➢ 25 ml Sonnenblumenöl

➢ etwas Öl oder Butter zum Einfetten des Backblechs

Zubereitung: Den Backofen auf 180°C vorheizen. Das Trockenobst in ganz kleine Stücke schneiden. Die Kokosraspel mit den Eiern, Zucker, Rosenwasser, den Aprikosenstücken und 25 ml Öl gut vermischen. Die Hände mit etwas Wasser anfeuchten und schnell kleine Bällchen im Handballen formen (Vorsicht: Die Bällchen zerbröseln leicht.)

Auf ein leicht gefettetes Backblech legen und etwa 15 Minuten backen. Abkühlen lassen und als Nachtisch oder als süßen Snack servieren.

Tipps: Statt Zucker kann auch Honig verwendet werden. Um die Aprikosen saftiger zu machen, kann man sie zuerst circa 5 Minuten lang in Wasser kochen.

Mandel-Muffins

Zutaten für 6 Muffins (Küchlein):

- ➢ 1 Birne
- ➢ 1 EL Honig, 1 TL Zimt, 75 g brauner Zucker
- ➢ 1 Ei
- ➢ 3 EL Sonnenblumenöl (oder weiche Butter)
- ➢ 75 g Vollkornmehl
- ➢ ½ TL Backpulver
- ➢ 100g Mandeln (fein gemahlen)
- ➢ 18 ganze Mandeln
- ➢ 2 EL weißer Joghurt (zum Beispiel Griechischer Joghurt)
- ➢ Sonnenblumenöl oder Butter zum Einfetten einer Muffin-Form in Standardgröße

Zubereitung: Eine Birne schälen, enthäusen und in Stücke schneiden. Mit 1 EL Honig und etwas Zimt kurz in einem Topf weich kochen. Den Backofen auf 180°C vorheizen.

Den Zucker mit Ei und Öl gut verrühren, dann Mehl und Backpulver zufügen. Mandeln fein mahlen und mit dem Joghurt zu der Mischung geben. Die weichen Birnenstückchen dazumischen.

Sechs Mulden einer Muffin-Form etwas einfetten und den Teig hineingeben, jeweils mit drei ganzen Mandeln verzieren.

Im vorgeheizten Backofen etwa 20 bis 25 Minuten backen. Die Muffins 10 Minuten in der Form abkühlen lassen und dann herausnehmen.

Schnellere Variante: Statt Birnenkompott und Zimt nur 1 EL frisch gepressten Orangensaft zu dem Teig mischen, diesen auf 6 Muffin-Mulden verteilen und backen.

Veganer Kuchen „Leicht & Lecker"

Zutaten (für 12 Kuchenstücke):

- ➢ 250 g weißes Mehl, 100 g Vollkornmehl
- ➢ 1 TL Backpulver, 300 g brauner Zucker
- ➢ 100 g Kakao (Pulver), 2 EL Kaffee (Pulver)
- ➢ 300 ml Sojamilch
- ➢ 200 ml Pfirsichsirup und 12 – 15 Pfirsichstücke
- ➢ 125 ml Sonnenblumenöl oder pflanzliche Margarine für Veganer
- ➢ etwas Sonnenblumenöl zum Einfetten einer runden Kuchenform (28cm Durchmesser)
- ➢ 1 EL gehobelte Mandeln

Zubereitung: Den Backofen auf 180°C vorheizen. Das Mehl mit Backpulver, Zucker, Kaffee- und Kakaopulver, Sojamilch, Öl und Pfirsichsirup gut vermischen. Den Teig in eine eingefettete runde Kuchenform (28 cm Durchmesser) füllen und mit Pfirsichstücken und gehobelten Mandeln verzieren. Kuchenform mit einer Aluminiumfolie abdecken.

Etwa 30 Minuten im Backofen backen, dann die Aluminiumfolie entfernen und den Kuchen eventuell umdrehen. Weitere 10 bis 15 Minuten backen. Ab und zu mit einer sauberen Stricknadel prüfen, ob der Teig fest ist. Abkühlen lassen, aus der Form nehmen und in 12 Stücke schneiden. Da es ein fester Kuchen ist, kann er gut als Fingerfood serviert werden.

Variante: Statt Pfirsichsirup und -stücken können auch 200 ml süßer Kirschsaft und entsteinte Kirschen (gut abgetropft aus einem 670 g Glas) genommen werden.

Anmerkung: Dieser Kuchen hat bisher auch allen Leuten sehr gut geschmeckt, die Sojamilch hassen und die kein Interesse an veganem Essen haben!

Zwetschgen-Kuchen auf dem Blech

Zutaten:

- ➤ 250 g Butter
- ➤ 250 g brauner Zucker
- ➤ 6 Eier
- ➤ 400 g Mehl
- ➤ 1 Päckchen Backpulver
- ➤ 2 Prisen Salz
- ➤ 1 TL Zitronensaft
- ➤ 1 kg Zwetschgen
- ➤ Etwas Zimtzucker
- ➤ etwas Butter zum Einfetten eines großen Bleches

Zubereitung: Den Backofen auf 180°C vorheizen.

Die Zwetschgen waschen, halbieren und entsteinen. Butter, Zucker und Eier verrühren, dann mit Mehl, Backpulver, Salz und Zitronensaft zu einem glatten Teig mixen.

Den Teig auf ein gefettetes Backblech geben und die Zwetschgen darauf verteilen.

Hellbraun backen (ungefähr 40 Minuten) und den Kuchen zum Schluss mit etwas Zimtzucker bestreuen. Abkühlen lassen und in kleine Stücke schneiden.

Variante: Statt Zimtzucker kann man einige Mandelsplitter auf den Kuchen streuen. Schmeckt auch köstlich mit einem Klacks süßer Sahne.

Danksagung

Ganz herzlichen Dank möchte ich der Autorin Jutta Schütz sagen, die dieses Projekt ins Leben gerufen hat. Sie hatte die Idee, orientalische Gerichte als eine Reihe von „Scheherazade-Büchern" herauszugeben.

Ich bin immer noch ganz verblüfft darüber, dass sie auch mir angeboten hat, mitzumachen. Schließlich habe ich Jutta erst vor kurzem über das Internet kennengelernt, nachdem sie eine sehr schöne Rezension zu meinem ersten Buch 'MORD UND BRAND, FLUTEN UND SAND' geschrieben hatte und ich mich per Email bei ihr bedankt hatte.

Ich finde es sehr außergewöhnlich und beeindruckend, dass eine Autorin anderen Autoren hilft, „auf die Beine zu kommen."

Außerdem möchte ich meinem Mann Rae sowie Ann und John danken, die als „Versuchskaninchen" viele meiner Gerichte probiert haben.

Und besonderen Dank an meine Schwester Karin für die Überprüfung meines Textes!

Bisher von Marion Birkenbeil veröffentlicht:

MORD UND BRAND, FLUTEN UND SAND

ISBN: 978-3-95631-051-5 - Shaker Media GmbH
Email:info@shaker-media.de - Internet: http://www.shaker-media.de

Mein erstes Buch, das 2013 veröffentlicht wurde, hat überhaupt nichts mit Kochen oder Backen zu tun, obwohl ein Junge und ein Hund in dieser fiktiven Geschichte immerzu hungrig sind und Unmengen essen können. Trotz des etwas dramatischen Titels ist es ein tolles Buch für Jugendliche ab 10 oder 11 Jahren, aber auch für alle Hundeliebhaber und für Erwachsene, die „jung im Herzen geblieben sind" und spannende Abenteuergeschichten mögen.

Die Hauptfiguren sind zwei deutsche Geschwister, die mit ihren Eltern zusammen nach Australien gezogen sind. Schon bald nach ihrer Ankunft erleben die vierzehnjährige Anna und ihr elfjähriger Bruder Sebastian mysteriöse Dinge in Queensland. Kinder verschwinden, Diebe werden gesucht, und eine Leiche wird entdeckt! Können die Geschwister, ihr Hund Susi und ihre neuen Freunde helfen, die Fälle zu lösen?

„MORD UND BRAND, FLUTEN UND SAND" - ein Krimi, Jugendbuch und Abenteuerroman - ist eine gute Idee für den Zeitvertreib im Zug oder Bus (oder während eines Fluges nach Australien?) sowie als Geschenk. Es ist nicht nur spannend geschrieben, sondern gibt auch Einblicke in das wirkliche Leben in Australien. Zudem sind einige Fotos von australischen Tieren und Landschaften an der „Sonnenscheinküste" im Buch zu sehen. Die Leser werden von vielen aufregenden Ereignissen und Naturkatastrophen, aber auch von Gefühlsverwirrungen wie Eifersucht, Angst, Verdächtigungen und erste Liebe in den Bann gezogen. Das Buch hat 354 Seiten und enthält fünf abgeschlossene, aufeinander folgende Bände.

❖ *EXPOSÉ - TEIL 1 - „DER AFFE IM GRÜNEN KLEID"*

Die Geschwister Anna und Sebastian besuchen ihre Verwandten im „australischen Busch" in Queensland. Bei einem Ausflug verschwindet Sebastian plötzlich und findet sich in einer fremdartigen Welt voller exotischer Tiere und Nahrungsmittel wieder. Er hat sowohl faszinierende wie auch abstoßende Erlebnisse und wird zu harter körperlicher Arbeit gezwungen. Die Freundschaft zu einem kleinen Affen hilft ihm, die Zeit besser zu überstehen. Doch wie kann er wieder zurück nach Australien finden?

Währenddessen suchen Anna, ihre Tante und ihr Onkel verzweifelt nach Sebastian...

❖ *EXPOSÉ - TEIL 2 - „FERIEN AM MEER"*

Die Kinder rannten schreiend davon. Der Wind pfiff ihnen um die Ohren, aber statt Abkühlung brachte er nur heiße Luft und glühende Asche mit sich. Direkt hinter ihnen barst ein Baum krachend zu Boden, und noch mehr Funken sprangen in die Luft. Vor sich sahen sie eine Gruppe Kängurus, die voller Panik davonstoben. Vögel flatterten um sie herum und flohen ebenfalls in dieselbe Richtung …

Die Geschwister Anna und Sebastian erleben ein wunderschönes Drachenfest am Meer und sind begeistert von der Tierwelt in Australien. Doch dann geraten sie und andere Kinder in gefährliche Abenteuer!

❖ EXPOSÉ - TEIL 3 - „TÖDLICHE DATURA"

Anna und Sebastian sind mit ihren Eltern in eine kleine Stadt direkt am Meer in Queensland gezogen. Kurz danach entdecken zwei Mädchen eine Leiche an einem Fluss! Ein Mord in ihrem verschlafenen Nest? Alle Einwohner sind völlig aus ihrer Ruhe gebracht, und die wildesten Verdächtigungen gehen um. Können Anna und Sebastian helfen, den Fall zu lösen?

❖ EXPOSÉ - TEIL 4 - „DAS VERLORENE KIND x 2"

Am Neujahrsmorgen verlässt ein autistisches 3-jähriges Kind unbemerkt das Haus seiner Eltern und bleibt tagelang verschwunden. Ist es ertrunken? Oder ist es ermordet worden? Und nur kurze Zeit später verschwindet auch noch ein anderes Kind...

❖ EXPOSÉ - TEIL 5 - „WECHSELHAFTE STIMMUNGEN"

Das schwache Licht der wenigen Straßenlampen ließ die Häuser ringsum nur als graue Silhouetten erkennen. Die Sträucher bewegten sich leicht im Wind, und einige Bäume streckten ihre Äste wie riesige Hände nach ihr aus. Direkt über ihr schwebte ein schwarzes Wesen und machte ein merkwürdig schrilles, unheimliches Geräusch. ... Hatte sie da hinter sich ein Atmen gehört? Ängstlich sah sie sich um, doch sie konnte weit und breit keine Menschenseele erblicken. Schlich jemand hinter ihr her und hatte sich nun schnell versteckt? Sollte sie lieber rennen? ...

Die Blätter der Bäume wisperten miteinander und schienen ihr dann etwas zuzuraunen. „Pass auf, Anna, lauf ... Pass auf ... lauf!"...

Unheimliche Dinge geschehen an verschiedenen Orten und versetzen die Menschen in Angst und Panik, und sogar eine fröhliche Party und ein Wochenendausflug enden mit Schrecken. Einige Leute jagen einen mysteriösen Dieb, und andere finden eine gefesselte Frau...

Verdächtigungen, neue Liebe, Eifersucht, Furcht und Scham - nicht nur Anna und Barbara erleben einen Wirrwarr der Gefühle.

www.jutta-schuetz-autorin.de/

Große Buchreihe "SCHEHERAZADE"
Rezepte aus 1001 Nacht

Ein Autorenkreis widmet sich der orientalischen Kochkunst.

Viele verschiedene Autoren beteiligen sich nacheinander an diesem Groß-
projekt, die auf einer Idee von der Autorin Jutta Schütz basiert.
In der Einleitung erzählt die Autorin Schütz (in jedem Buch zu finden) kurz
die Geschichte von Scheherazade. Sie basiert auf einer alten persischen Märchensammlung mit dem Namen Hezâr Afsâna, Tausend Mythen.
Anschließend kommen die Rezepte des Autors.

Weitere ACHT verschiedene Bücher, jedes Rezeptbuch mit anderen Gerichten:

Scheherazades LOW CARB Rezepte
Autorin: Jutta Schütz
Verlag: Books on Demand - ISBN-13: 978-3735-7375-1-9

Scheherazades LIEBLINGSREZEPTE
Autorin: Heike Führ
Verlag: Books on Demand - ISBN-13: 978-3735-7573-4-0

Scheherazades Rezepte für Singles
Autorin: Eva Schatz
Verlag: Books on Demand - ISBN-13: 978-3735-7506-0-0

Scheherazades Vegetarische Köstlichkeiten
Autoren: Heike Führ & Jutta Schütz
Verlag: Books on Demand - ISBN-13: 978-3735-7326-9-9

Scheherazades GESUNDE KOST
Autoren: Jutta Schütz & Heike Führ
Verlag: Books on Demand - ISBN-13: 978-3735-7328-0-4

Scheherazades Hackfleisch Rezepte
Autoren: Katja Driemel & Jutta Schütz
Verlag: Books on Demand - ISBN 978-3-7386-0369-9

Scheherazades verträgliche LOW CARB Küche
Autorin: Sabine Beuke
Verlag: Books on Demand - ISBN 978-3-7347-3759-6

Scheherazades Deutsche Hausmannskost kulinarisch verfeinert
Autor: Manfred Herrmann
Verlag: Books on Demand - ISBN 978-3-7347-3696-4